희망의 이유

고난 속에서 찾아낸 보석

희망의 이유

초판 1쇄 2020년 6월 29일
초판 2쇄 2020년 7월 15일

지은이 최영선

발행인 이성현
책임 편집 전상수

펴낸 곳 도서출판 두리반
주소 서울특별시 종로구 사직로 8길 34(내수동 72번지) 1104호
편집부 전화 (02)737-4742 | **팩스** (02)462-4742
이메일 duriban94@gmail.com

등록 2012. 07. 04 / 제 300-2012-133호
ISBN 979-11-88719-07-5 03230

고난 속에서 찾아낸 보석

희망의 이유

최영선 지음

달고 맛있는 샘물

사람에게는 누구나 '말의 샘'이 있다.

그 샘이 어디에 있는가는 혼자만이 알지만 사람은 자신의 '말의 샘'에서 길어 올린 언어로 의사를 표현하고, 남들과 소통하고, 때로는 하느님과 대화한다.

샘물은 맑고 맛이 좋은 데다 넘치지도, 모자라지도 않게 넉넉해야 좋다. 주변 풍광까지 빼어나다면 그야 더욱 좋겠지.

그런 '말의 샘'은 하늘에서 간간이 내리는 비와 땅으로부터 솟는 물만으로는 넉넉해지지 않는다. 자신만의 일상적 삶에서 우러나온 생각, 고통과 환희가 뒤섞인 경험에서 얻은 깨달음, 세상을 살면서 남들로부터 입게 된 고마움의 기억, 하느님이든 누구든 초월자, 절대자가 내려주시는 은혜, 이런 것 모두가 섞여 샘물의 깊은 맛과 맑은 빛깔을 자아낸다.

〈아무도 모르라고〉라는 우리 가곡이 있다.

"떡갈나무 숲속에 졸졸졸 흐르는 아무도 모르는 샘물이길래 아무도 모르라고 도로 덮고 내려오지요. 나 혼자 마시고 아무도 모르라고 도로 덮고 내려오는 이 기쁨이여!"

이게 과연 기쁨이고 즐거움일까? 들을 때마다 왜 이런 노래를 만들었을까 생각한다. 진정으로 샘물의 고마움을 아는 사람은 샘물을 덮지 않는다. 남들에게 그 샘물의 존재와, 가는 길을 알려준다. 그리고 물을 맛보게 하고, 그 물을 통해 함께 저 먼 바다에 이른다.

최영선의 샘물은 '고통의 샘물'이다. 고통이 차고 올라서 스스로 퍼내는 샘물이다. 긷고 퍼내도 물이 줄지 않고 마르지 않는 것은 고통이 크고 깊기도 하지만 세상 모든 것, 그리고 하느님에 대한 감사의 마음이 쉼 없이 괴어오르기 때문이다. 달고 맛있는 샘물이다.

이 샘물 속에 함유된 말씀의 환희와 치유의 보람을 음미하며 공유하는 게 우리의 몫이다.

2020년 6월

임철순(전 한국일보 주필)

매일 아침 눈을 떠서 하루를 생각하며, 늘 반복되는 일상생활을 꾸려 나감은 보통 일이 아닙니다.

시간이 지나고 되돌아보면 훤히 보이는 일들이지만, 그때그때를 살아갈 때는 왜 그리 답을 찾기 어려운지, 누군가가 곁에서 알려준다면 사는 데 그 얼마나 도움이 될까 싶었습니다. 특히 내 아이들이 자랄 때, 그런 통찰력이 있다면 얼마나 좋을까 하는 마음이었습니다.

그래서 30여 년 전 나는 아이들을 내 힘만으로는 키울 수 없다는 두려움에 주님의 말씀을 붙들었습니다. "주님 함께 키워주세요."

그러나 속으로는 2,000여 년 전에 쓰인 이 진리가 내 삶에 무슨 도움이 되며, 실생활에서 어떻게 사용될 수 있을까 하는 의구심도 들었습니다. 성경을 읽다 보니 쉬운 말도 잘 잊어버리고 실천하기도 어려웠습니다.

그럼에도 불구하고 주님을 향한 나의 사랑은 커져갔으며, 말씀이 그때그때 주님의 마음을 가르쳐주었습니다. 지금 돌이켜보면 그때 말씀을 의지했던 것이 천만다행이었습니다.

'자식농사'라는 말처럼 자식을 키우는 것은 농사와도 같습니다. 나만의 노력이 아니라 하늘과 땅의 합한 힘으로 일궈지고 이루어집니다. 사는 게 농사이듯이 사회인으로서 한 가정 안에서 두세 사람의 몫을 하며 최선을 다해 일궈내는 모든 분들께 응원을 보냅니다.

이 책의 근간에는 두 가지가 담겨 있습니다. 하나는 일상생활과 엇물린 주님 말씀이며, 다른 하나는 헤르만 헤세의 〈봄의 말〉에 표현되는 아이들에 대한 마음입니다.

아이들은 다 알고 있다, 봄이 하는 말을.
살아라, 자라나라, 피어나라,
희망하라, 사랑하라, 기뻐하라,
새싹을 움트게 하라,
몸을 던지고 삶을 두려워 마라.

이토록 아름다운 것들은 어린이들 혼자 힘만으로 이루어지는 것이 아니기에 그들은 어른의 도움이 필요할 것이고, 어른 또한 누군가의 도움이 간절할 것입니다.

　이 책은 하나님 말씀을 우리 일상생활에 비추어 나열한 전시회 같은 글들입니다. 자유롭게 둘러보신다면 내게 내려지는 축복 중 축복이 될 것입니다.

　책의 출판을 흔쾌히 허락해주신 두리반 이성현 대표님께 감사드리며, 또한 임철순 주필님 아니었던들 지금 제가 이 글을 쓰고 있지도 않으리라 생각됩니다. 그리고 나의 벗 인정에게 깊은 감사함을 표합니다. 감사합니다.

2020년 6월

일리노이주에서 최영선

차례

1부
하나님의 성품

2부
달고 오묘한 그 말씀

3부
그리스도를 본받는 삶

4부
인생의 한가운데 서서

5부
가나안의 주인공들에게

1

하나님의 성품

희 망 의   이 유

성령이 주시는 선물

성령의 선물을 받는다 함은 세례를 받는 것과 비슷하다. 그것이 무엇이든 매우 좋은 것임이 틀림없으니 받고 싶다. 굉장한 선물인 것만은 확실하다. 그러나 이 선물을 받았을 때 이를 어찌 확신할 수 있으며 완전히 내 것으로 소유할 수 있을까.

성령이 내 안에 살아 있음을 느끼며 살고 싶다.

성령의 선물에는 그에 따르는 열매들이 많다. 회개와 참된 위안, 자유함, 기쁨, 사랑, 희망, 신성한 영감들…….

하나가 두 개, 두 개가 네 개가 되는 열매들!

성령의 내리심은 우리 주님의 은혜로 믿는 자들 누구에게나 주시는 선물이다. 당연히 그분의 공로로 우리가 받는다. 귀 막고 눈 감고 꼭꼭 닫아버린 가슴으로 살지 않는 한 누구나 그분의 선물을 받을 수 있다.

새 신분으로

"나도 이제 새 인생 살 거야."

종종 듣게 되는 말이다. 얼핏 들으면 그동안 하지 못했던 일들을 해보려는 계획으로 들린다. 은퇴를 했든지, 자식들 모두 시집장가를 보냈든지, 암을 극복하고 건강을 되찾았든지 각자 새 인생의 계기는 다양하다.

그렇다면 새 인생의 기준은 무엇일까. 지금껏 해보지 못한 것을 해보는 것일까? 시간적으로나 경제적인 여유가 생겨야만 새 인생을 살 수 있을까? 꼭 그렇지만은 않다.

새 인생은 '새 신분'으로 사는 것을 의미한다. 부부라는 새 신분, 은퇴자라는 새 신분, 자녀의 입시 걱정을 내려놓은 엄마라는 새 신분, 또는 이혼으로 다시 싱글이 된 신분 등 자신이 스스로에게 부여한 신분이다.

만약의 경우 자신의 신상 기록에 자신만이 아는 빨간 줄을 그어 놓은 채로 살고 있다면 그것부터 지워 본인이 새 신분으로 살 수 있도록 해야 한다.

십자가의 사랑과 승리로, 주님께서 주시는 새 신분으로 필연코 그리 해야겠다. 주님이 우리에게 그럴 자격을 주신다. 새 인생은 엄밀히 따져 새 신분으로 새로운 경험을 하는 것이다.

세상에는 별로 자랑치 못할 새 신분도 있다. 지병으로 남은 삶이 1년인지 몇 년인지 모르는 기로에 서 있는 인생도 있다.

그러나 누구든 새 인생을 꿈꿀 수 있다. 지금까지와는 전혀 다른 새 삶임은 부정할 수 없으며 새 신분이라 함도 맞는 말이다. 난관 중 꿈쩍하지 않는 주님을 향한 사랑이 주어진 새 인생을 꾸려나가도록 힘을 실어준다.

이처럼 천층만층의 새 인생이 가능한 희망의 세계는 참으로 아름답다. 새 인생의 주춧돌만 놓을 수 있다면 1년이든 100년이든 새로운 인생, 새로운 신분은 가능하다.

"참 아름다워라. 주님의 세계는~."

어릴 적 부르던 찬송가가 생각난다.

더 좋은 소망으로

"이에 더 좋은 소망이 생기니 이것으로 우리가 하나님께 가까이 가느니라." 히 7:19

살아 있는 동안 하나님의 얼굴은 볼 수 없더라도 그분의 말씀에 가까이라도 갈 수 있다면 그것처럼 기쁜 일이 또 있을까. 주님과 동행하는 길을 걷는다 함은 내 가슴이 온통 주님으로 차 있음이요, 에녹 선지자가 받았다는 최고의 선물이다.

살다 보면 때로는 최고로 생각했던 것보다 더 나은 것이 나타나기도 한다. 그런데 그 최고가 우리를 찾아오는 때와 방법이 오묘하다. 최고를 배달하는 이가 성령이시기 때문이다.

그 최고가 찾아올 때, 나 중심의 생활이 180도 변화되어 하나님의 영광을 소망하며 적극적인 태도를 갖게 된다.

그렇다면 '더 좋은 소망'이라는 것은 호박이 덩굴째 들어올 때만 가능한 걸까? 아니다. 그 반대 상황에서도 소망을 가질 수 있다.

시한부 암 선고를 받은 환자의 입에서 어느 날 "이 병 주셔서 감사합니다", "이 병을 통해 온전히 주 하나님께서 영광 받으소서" 하는 기도가 터져 나온다면 하나님은 이미 아픈 이에게 '더 좋은 소망'을 주신 것이다.

왜 이런 말도 안 되는 기도로 인도함을 받았을까? 어떻게 감사할 수 있었을까?

이는 환자의 생활에 주님과의 동행함이 분명하고, 병을 통해 주님이 영광을 드러내시리라는 확고한 소망이 있기 때문이다.

대화가 필요한 순간

태에서부터 나를 아셨고 지금도 내 모든 속사정을 아시는 분, 태초부터 하나님과 함께 계신 분, 이 세상에서 최고의 곤욕과 아픔을 견디시고 승리하신 그리스도!

그분이 먼저 아픔을 겪으셨다. 아픔을 겪은 이는 남의 아픔을 본다.

일일이 열거할 수 없는 아픔 중 가장 큰 아픔은 용서할 수 없는 영 안에 붙들려 사는 아픔이다. 그밖에도 한계에 달하는 슬픔, 극복해야 하는 난관, 부당함 등이 우리에게 상처를 준다.

그런데 주님은 이런 고통을 모두 십자가에서 지시고 용서의 상징이 되셨다. 이를 믿는 자들은 누구나 하나님과 떳떳이 만날 수 있게 되었다. 그분과의 대화가 가능해졌다.

"네가 얼마나 아픈지 알아."

주님께서 말씀하시는데 내가 입 꽉 다물고 있는 것은 아닌지.

흔히들 풀어야 아픔이 가신다고 한다. 그리고 풀어내는 가장 좋은 방법은 대화다.

주님과의 대화는 '영감으로' 이뤄진다. 말씀 안에서의 제대로 된 만남이다. 눈 감고 가만히 있는 것만으로도 대화가 될 수 있다.

신성한 영감의 순간은 누구에게나 찾아올 수 있다. 찬양의 순간들, 또는 성령의 감동으로 눈물이 고이는 순간들.

대화가 필요한 순간이다.

하나님의 언약

하나님의 언약은 만질 수도 볼 수도 없지만, 하나님께서는 그 언약을 반드시 지키신다. 언약을 깨는 자는 나 자신, 즉 인간이다. 만질 수도, 볼 수도 없기에 아무도 그 언약을 앗아갈 수 없다.

애굽 땅에서 그의 백성을 인도해내실 때의 언약과 구원의 약속하신 복음 시대 새로운 언약의 차이점은 히브리서에 잘 정리되어 있다. 성경은 하나님의 신언약과 구언약을 요약하며 명명백백하게 설명한다.

"이 언약은 내가 그들의 열조의 손을 잡고 애굽 땅에서 인도하여 내던 날에 그들과 맺은 언약과 같지 아니하도다." 히 8:9

"그 날 후에 내가 이스라엘 집과 맺을 언약은 이것이니 내 법을 그들의 생각에 두고 그들의 마음에 이것을 기록하리라." 히 8:10

하나님은 당신의 뜻과 법도를 우리가 알도록 마음에 기록하신다. 스스로 새로워지기 위해 또는 옳은 삶을 살기 위해 우리의 노하우로 그 비결을 찾으려 야단법석을 떨 필요가 없다는 의미다.

"믿음 가운데서 이미 우리 가슴에 기록되어 있는 걸 더듬어 읽고 조용히 기도하며 순종하게 하옵소서."

이렇게 아뢰면 주님이 기뻐하실 것 같다.

이로써 하나님과 나 자신의 관계가 더욱 선명해진다.

순종하게 하소서. 믿게 하소서. 아멘.

위안의 근거

위안(慰安, consolation, comfort)을 받을 때 우리는 전진한다. 개인적 차원이든 국가적 차원이든 위로함이 없으면 많은 것들이 의미를 잃게 된다. 그뿐만 아니라 한 발짝 전진, 두 발짝 후퇴의 되풀이로 사회적·국가적 손상마저 빚는다. 한국과 일본, 남북한의 비극도 하나의 예가 될 수 있겠다.

구약성경에는 위안 받지 못한 상처투성이의 인간들이, 또 형제들이 벌이는 참담한 행동이 기록되어 있다. 성령의 힘으로 우리 안에 부어지는 참 위안은 모든 응어리마저 녹일 수 있는 위력을 지닌다. 자신이 먼저 받은 위안으로 자식, 친구, 부모, 부부간의 응어리도 풀 수 있다.

반면 위안을 경험하지 못한 부모는 자식을 위로하기는커녕 자신의 아픔에 덤까지 더 얹어 고스란히 안겨주기도 한다. 성령으로부터의 위안을 구해야 하는 이유다.

인생이 누리는 참된 위안의 근거는 하나님이시다시 94:19.

탈출구를 여시는 분

베드로는 철문이 무겁게 내려진 감옥 생활 중에서도 깊은 잠을 잤다. 발목에는 쇠고랑을 찼으며, 양옆에는 두 간수가 누워 있었다. 언제 끌려 나가 죽임을 당할지 모를 상황이었다. 이만하면 그림이 충분히 그려진다.

이 장면은 현대인의 답답한 상황을 떠오르게 한다. 대부분이 삶을 통해 이와 비슷한 경험을 했을 것이다. 나를 감금하는 것이 상황이나 환경이 될 수도, 나 자신이 될 수도 있다.

이럴 때 꽉 막힌 상황으로부터의 탈출구를 여시는 분은 하나님이시다. 각자에 맞게, 그분만의 방법으로 해내신다. 기적 그 자체다. 상상만 해도 힘이 솟구친다.

이와 같은 간증에 혹자는 "증거 있어?"라고 되물을지도 모른다. 그러나 위기와 압박을 떨쳐내는 나의 태도와 영이 바로 그 증거다.

하나님께서는 조용히, 아무도 보지 않는 사이 우리의 영에 그분의 말씀을 내려주신다. 말씀은 구원이며 영원한 쉼이다.

God Opens the Door of Escape!

주의 영광을 내게 보이소서

"내가 참으로 주의 목전에 은총을 입었사오면"출 33:13

모세 같은 사람마저 긴가민가하면 우리는 어쩌란 말인가.

이 말을 하나님께 아뢰었을 당시 모세의 심정을 헤아려본다. 이제 거의 끝에 다다른 것이다.

그 길고도 험난했던, 그러나 하나님의 인도하심과 마련해주심으로 버틴 40년간의 광야 생활. 이제 언약의 가나안 땅이 눈앞에 있으련만 모세는 자기가 그곳에 들어가지 못하는 것을 알고 그의 백성들을 걱정하며 하나님께 몇 가지 아뢰었다. 말하자면 자비로우신 하나님과의 대화출 33:12~23다.

영광이란 단어부터가 희미하고 멀게 느껴진다.

어렵지만 간절하다.

성경에는 영광에 관해 이렇게 쓰여 있다.

모세가 "주의 영광을 나에게 보이소서"라고 하자 하나님이 답해주시기를 "내가 내 모든 선한 것을 네 앞으로 지나가게 하고 여호와의 이름

을 네 앞에 선포하리라."19절

I Will Show You My Goodness

이는 모세의 Show Me Your Glory라는 요청에 충만한 응답이었다.

"보라 내 곁에 한 장소가 있으니 너는 그 반석 위에 서라."21절

그 옛날 이미 그리스도를 소개하신 것이다.

"다 같은 신령한 음료를 마셨으니 이는 그들을 따르는 신령한 반석
으로부터 마셨으매 그 반석은 곧 그리스도시라."고전 10:4

우리 조상들이 모세에게 속하여 신령한 음식을 먹으며 신령한 음료
를 마셨다.

위로의 왕 하나님

세상에는 수많은 왕이 있지만 참 '위로'의 왕은 단 한 분이시다.

"모든 위로의 하나님이시여."고후 1:3

여기서 '모든'이라 함은 '위로의 왕' 하나님의 위로는 요술과도 같이 이 아픔 저 아픔, 이런 상황 저런 상황을 빠짐없이 어루만져주신다는 의미일 것이다. 아픔을 잠시 잊게 해주심이 아니요, 지속적인 위로를 말한다.

그러므로 '하나님의 위로는 열매를 맺는다'는 이야기가 말씀에 여러 번 나온다. '열매'에는 고난이 평화로 변하는 것도 해당한다. 내가 혼자 받은 위로가 발이 달린 듯 널리 번진다. 마치 성경에 나오는 한 소년의 다섯 덩어리 빵과 두 마리 생선이 수천 명을 먹이고도 차고 넘쳤다는 기적과 상통한다. 하나님의 속성 중 가장 감사한 것은 이 위로의 왕 되심이겠다.

세상 속에서는 고난을 경험하나 주 하나님 안에서는 평화와 위안!

일단 영이 위로를 받아야 힐링이 된다. 자신만 씩씩해지는 것에 그치지 않고 나아가서는 남들마저 그리 되도록 쓰임을 받는다고 성경에 기록되어 있다.

"우리의 모든 환난 중에서 우리를 위로하사 우리로 하여금 하나님
께 받는 위로로써 모든 환난 중에 있는 자들을 능히 위로하게 하시는
이시로다." 고후 1:4

위로와 힐링은 희망과 기쁨을 부른다.

회개와 위로

회개를 하려고 해도 생각이 안 날 때가 있다. 크게 잘못한 일이 생각나지 않는다.

그러나 기도하다 보면 잘못한 게 너무 많아서 무엇부터 회개해야 할지조차 모르겠다. 나의 죄들이 빛에 의해 드러났기 때문이다.

어떤 이들은 "뭐 그리 어렵게 살아!"라고 말한다.

하지만 회개의 원천은 우리에게 진리를 들려주시는 성령이라고 성경은 말한다. 마음속 깊이 깨달아질 때 판단력이 생긴다. 성령의 힘이 없이는 깨달음 또한 흔들리는 저울추에 불과하다.

우리의 영이 깨어 있을 때 받게 되는 은사가 '회개의 은사'다. 이는 지혜나 힘으로 되지 않으며, 이것이 이루어질 때 우리는 참 위로를 받는다.

인간이라면 누구나 위로가 필요하다. 회개의 은혜로 참된 위로를 받으며, 성령 안에서 기도할 수 있게 되기를 바란다. 때로는 무너지는 기도가 나올 수도 있겠으나 감사와 찬양의 기도도 뒤따른다.

"기도를 계속하고 기도에 감사함으로 깨어 있으라." 골 4:2

하나님이 쓰시는 절호의 기회

"아직도 걸레와 같은 형상의 나를 위해 십자가가 의로움과 거룩함과 구원함을 준다"고 성경은 되풀이해서 말한다. 그런데 왜 우리는 때때로 십자가를 깎아내리나. 현실성이 없어서인가. 도저히 믿을 수 없는 구석이 많아서인가. 말도 안 되기 때문인가. 2000년 전 이야기라서 과학적으로 증명이 안 돼서인가.

하나님의 아들이라는데 하나님은 왜 아들을 그렇게 희생하게 두셨을까. 또 인간의 그 많은 죄를 단칼에 해치우셨다니…… 나도 나를 용서 못하는데 어떻게 그분이 나를 순결하게 하셨을까.

엄밀히 말해 나는 그분의 원수라 해도 과언이 아니다. 내가 원수임에도 불구하고 주님은 이를 절호의 찬스로 쓰시어 십자가를 지셨다. 우리를 건지시는 그분의 거룩한 타이밍이라고 성경은 말한다. 이처럼 힘이 강한 것은 이 세상에 다시 없으리라.

뼈들마저 즐거워하게 하소서

"주께서 꺾으신 뼈들도 즐거워하게 하소서." 시편 51:8

이 구절을 처음 읽었을 때 참뜻도 모른 채 "이거다! 주님, 제가 이리 되고 싶사오니 도와주세요" 하고 기도하며 큰 감동을 느꼈다.

성급한 마음으로 "주께서 꺾으셨다면 저는 괜찮습니다" 하는 거짓말 같은, 진정한 고백이었다.

뼈를 꺾는다는 구절을 '믿음이 순금 되는 연단의 과정'으로 해석해 말씀 자체에서 오는 강렬한 감동을 받았고, 그 감동은 지금도 그대로 마음에서 떠나지 않는다.

살다 보면 한 번 들은 이야기인데도 잊히지 않고 그대로 가슴에 남아 훗날에도 영감을 주며 영향을 끼치는 말들이 있다.

어느 고등학교 1학년 소년의 이야기다. 시골에서 혼자 서울에 와 하숙하며 학교를 다니던 나날들. 하숙집에서 싸주는 도시락에는 검은 연근이 많았다. 어린아이가 허구한 날 그걸 좋아할 리가 있겠는가. 그 후 그 아이는 검은 것은 안 먹게 되었다 할 정도였다.

어린 것이 하숙하며 지낸 하루하루의 삶이 상상이 가고도 남는다. 그러함에도 불구하고 훗날 아이는 한 사회에 기여하는 훌륭한 인물이 된다. 더욱 감사한 일은 아이가 즐거운 성격이며 그의 심성에는 '윤택함'이 흐른다는 점이다.

"뼈들마저 즐거워하게 하소서"의 구절은 많은 위로가 되며 힘이 된다. 말씀이 우리에게 주는 위로는 우리의 골수까지 위로한다. 아무도 꺼내가지 못한다.

힐링

힐링이라는 단어가 한동안 유행처럼 번졌다. 사실 2003년에 내 책 《아픔》이 출판되었을 때만 해도 '힐링'은 지금처럼 흔한 단어가 아니었다. 처음 출판사로부터 '아픔'이라는 제목이 거듭 퇴짜를 맞았지만 더 이상 뾰족한 수가 없자 마지못해 통과시켰다. 힐링을 우리말로 번역한 것이 아픔이 되었다.

"이 백성들의 마음이 우둔하여져서 그 귀로는 둔하게 듣고 그 눈은 감았으니 이는 눈으로 보고 귀로 듣고 마음으로 깨달아 돌아오면 내가 고쳐 줄까 함이라 하였으니." 행 28:27

이 약 저 약 다 써보아도 낫지 않는 경험은 누구에게나 있다. 고침 받지 못한 채 결국은 그 고통과 더불어 살아가는 경우가 많다.

이 한 세상 고침을 받아도 살기 힘들거늘 사납고 성급한 인간들 틈바구니에 끼여 고칠 수 없는 몸과 영을 끌고 살아간다. 주님이 고쳐주시든 또는 명약과 명의가 고쳐주든 우리는 고침을 받아야 한다.

"나의 간절한 기대와 소망을 따라 아무 일에든지 부끄러워하지 아니하고 지금도 전과 같이 온전히 담대하여 살든지 죽든지 내 몸에서 그리스도가 존귀하게 되게 하려 하나니."빌 1:20

바로 이 기원이 우리의 마음이 위로를 받고 주님 계신 제자리로 돌아가는 길이 아닐까.

그러므로 보이고 들리고 깨달음이 있으리라. 힐링의 과정을 아는 삶을 살게 되리라.

더러운 옷을 벗다

주님이 나의 죄를 대신 지심으로 나의 죄를 벗을 수 있다는 희망!

이에 대해 스가랴 선지자는 "더러운 옷을 벗으라"고 경고한다.

우주 창조에 이미 그리스도가 등장하듯 구약에는 이 구세주를 상징하는 예표(豫表)의 인물이 많이 나온다.

"태초에 말씀이 계시니라 이 말씀이 하나님과 함께 계셨으니 이 말씀은 곧 하나님이시니라 그가 태초에 하나님과 함께 계셨고 만물이 그로 말미암아 지은 바 되었으니 지은 것이 하나도 그가 없이는 된 것이 없느니라." 요 1:1~3

더러운 옷을 벗고, 아니면 아담과 같이 나뭇잎사귀로 벌거벗은 몸을 감추려는 수치를 아름다운 옷으로 덮어주신다 함이다. 이 언약이 정녕 비유로 끝나는 말씀인가. 아니다. 실제다. 오직 주님으로 인해 가능하다.

"내가 네 죄를 제거하여 버렸으니 내가 아름다운 옷을 입히리라." 슥 3:4

역경에서 솟아나는 원동력

하나님이 흠 많은 우리에게 주신 선물이 하나 있다. 믿음이다. 이 믿음은 내 몸에서 그리스도가 존귀하게 되심을 도와준다. 또 깊은 믿음은 내 안에 하나님께로부터 난 기쁨이 가득한 것이리라.

이 기쁨은 역경에서 솟아오를 수 있는 원동력이다.

아침마다 새롭게 나를 추슬러주는 고맙고 신통방통한 존재다.

내가 이유 모르게 늘어질 때 내 몸속에 붙박이로 존재하는 영양제다.

우리가 인간으로 견딜 수 없는 고통 속에 있을 때 이길 수 있도록 싸워주는 용사다.

"나는 엎드러질지라도 일어날 것이요 어두운 데에 앉을지라도 여호와께서 나의 빛이 되실 것임이로다."미 7:8

Cured, Cleansed, Healed I

사실 이것이 예수님이 오신 이유가 아닐까. 그리고 그것도 모자란다는 듯 덤으로 또 주신다. 우리를 온전함으로 만드신다.

갈무리하고(Cured) 씻어내고(Cleansed) 치유하는(Healed) 이 세 단어를 가슴 깊숙이 넣어두고 싶다. 폭포처럼 후련하다.

하나가 다른 두 개 없이 있을 수 있을까. 세 개가 하나로 묶인다. 이 '하나'가 이루어질 때 또 하나의 축복이 스르르 내려진다. 마음의 위안이다.

50년 묵은, 아니 3대에 걸친 응어리가 풀린다.

진실로 깨끗함을 입는다 함이 세례의 의미이겠다. 나는 이제 주님의 것이니 나를 잃지 않으시리라. 꼭 찾으시리라. 용기가 솟는다. 그분이 나의 믿는 구석이 되신다. 진정한 용기는 주 안에서의 희망이 있을 때 온다. 힘도 솟는다.

"여호와로 인하여 기뻐하는 것이 너희의 힘이니라." 느 8:10

Cured, Cleansed, Healed Ⅱ

세상에 이것처럼 신 나는 일이 있을까. 다 나았다! 털고 일어나는 일만 남았다. 또 주님의 죽으심이 우리의 영에 끼치는 의미를 받아들인다.

"너희 중에 이와 같은 자들이 있더니 주 예수 그리스도의 이름과 우리 하나님 안에서 씻음과 거룩함과 의롭다하심을 받았느니라." 고전 6:11

매일매일 병원을 찾는 수십만 명의 사람들에게 이런 축복을 기원한다. 그들은 때로는 살에 가시가 박힌 듯한 공포와 고통을 안고 회복으로의 고행 길을 걷는다.

주여 그들을 굽어보소서.
특히 우리의 아픈 아이들을 기억하소서.
답이 없는 절망의 영향으로부터 구원하사
주의 인자하심을 붙들게 하소서.
주님 의존하게 하소서. 아멘.

하나님을 향한 확고한 신뢰

"우리 조상들이 주께 의뢰하고 또 의뢰하였음으로 그들을 건지셨나이다." 시 22:4

확고한 신뢰, 확정된 마음은 고난 가운데서 문제를 푸는 첫걸음이다. 상황을 정확하게 분석하고 판단할 수 있는 힘이며, 나를 돌아보며 고칠 것은 고치게 하는 분별력이고, 목표 A와 B의 갈림길에서 차원이 다른 관점을 준다.

"하나님이 어디 계시다는 거야?" 의심은 사라지고 신뢰로 우리를 이끈다. 매일매일 자신감이 생긴다.

우리의 생사가 걸려 있는 이 확고한 신뢰는 어디서 오는가? 먼저 "누가 나를 창조하셨나? 나는 누구의 형상대로 지어졌고 누구의 유전자를 받았나?"에서 시작된다. 이 질문이 핵심이고 전부다.

하나님의 형상대로 창조된 존귀하고 의미 있는 존재. 이것이 나의 온 존재감을 후려칠 때 인생이 변한다.

나에게도 그러한 순간이 왔었다. 그동안 찌들고 병덩어리로 살았던 나였다.

"네가 네 몸 베기를 어느 때까지 하겠느냐?"렘 47:5던 하나님의 말씀에 나도 모르는 눈물로 속으로 외쳤다.

"하나님, 잘못했습니다."

쏟아지는 눈물은 하나님의 인내심에 대한 감사였다. 세상에서 가장 존귀하시고, 사랑이시며, 권능이신 그분이 특별한 뜻을 품으시고 나를 지으셨다.

내 눈에 보이는 이 세상 모든 사람들을 그리 지으셨다.

감사합니다.

하나님의 성품

하나님은 우리가 암흑 속을 걸어 다닐 때에도, 죄악에 빠져 있을 때에도 잠시 얼굴을 돌리실지언정 우리를 버리지 않으신다.

우리에게 생명을 주시는 하나님. 그 배에서 생수의 강이 흘러나오는 요 7:38, 신령한 음료를 주시는 반석이시다. 무궁무진한 물줄기, 영원무궁한 은혜와 능력, 신실하심의 하나님이시다.

모세 시대의 백성들은 바위에서 물을 구했으나 복음 시대의 우리들은 우리 안에 있는 바위, 신령한 반석에서 마신다고전 10:4.

마르지 않고 영원히 흘러넘치는 반석이시니 이를 마시는 영혼은 풍요로울 수밖에 없다. 아무것도 가진 것 없어도 못 가진 게 없는, 모든 것을 가지게 하시는 분이시다.

"진실로 생명의 원천이 주께 있사오니 주의 빛 안에서 우리가 빛을 보리이다."시 36:9

하나님의 작품

우리의 듣는 귀와 보는 눈은 하나님의 작품이다. 유일하게 그분만이 만드실 수 있는 작품이며, 그분 아니고는 있을 수 없는 작품이다.

물론 애초에 눈도 귀도 그분이 주셨다. 그 길고도 알아듣기 어려운 구약성경을 세 자로 요약한다면 '들어라'이리라. 우리의 귀가 들을 때에 그분의 영과 우리의 영이 연결됨을 미리 아시고 분부하신다.

들어야 살고 보아야 살 수 있는데, 나는 두 개 다 막아버릴 때가 많다. 장님이 따로 없고 귀머거리가 따로 없겠다.

주어진 인생 살기 위해 생각해낸 것이 고작 귀 막고 눈 감는 것인가, 내 방법이라는 게 거의가 다 이러한가.

그러나 나는 다시 일어난다. 내 안에서 하나님의 작품이 나온다는 생각, 엄청난 축복이다.

엎어지고 뒤집고 없애고 가짜가 진짜인 양하며 흔들리고 변하기를 수천 번 하는 나 자신이건만 사랑이시고 인내이신 하나님은 제자리에 한결같으시다.

인간의 자만과 하나님의 은혜

"우리는 십자가에 못 박힌 그리스도를 전하니 유대인에게는 거리끼는 것이요 이방인에게는 미련한 것이로되 오직 부르심을 받은 자들에게는 유대인이나 헬라인이나 그리스도는 하나님의 능력이요 하나님의 지혜니라." 고전 1:23~24

이 구절을 한눈에 볼 수 있는 것이 십자가다. 인간인 이상 '내 공로의 늪'에서 벗어날 수는 없다. 이 늪에서 하나님과의 만남이 가능할까? 간단히 말하면 가능하다고 성경에 적혀 있다. 내 공로를 깨어 부수는 십자가로 인해 인간은 죄인인 채로 의로우신 하나님을 만날 수 있다.

인간의 공로를 명명백백하게 깨뜨려주는 것이 십자가다. 위의 성경 말씀이야말로 인간의 자만심으로는 맛볼 수도 없고 이해도 할 수 없으니 '미련함'으로 보일 수밖에 없으리라.

인간의 자만심과 하나님의 은혜의 대결이 2,000년간이나 지속되어 왔으나 결국 세상은, 또 인간의 자부심인 과학은 아직 인간을 하나님의 지혜에 데려다주지 못하는 상태다.

굳건한 뿌리로부터 뻗치는 성령의 생산성

"만일 우리가 성령으로 살면 또한 성령으로 행할지니." 갈 5:25

당연한 이야기다. "성령으로 행할지니"라 함은 경탄할 만한 성령의 생산성으로 산다 함이다. 성령의 생산성은 뿌리부터 독창적이어서 지속성이 따르고 남이 보기에도 안정감이 있어 신임을 살 수 있다.

그뿐인가. 성령의 창조적 생산성은 장애물을 극복하는 힘이 있다. 성령은 항상 우리를 부르신다. 말씀 또한 우리를 기다리신다. 우리가 지금보다 조금 더 다져지고 좋은 방향으로 변한 뒤 부르심을 따르겠다 함은 난센스일 수도 있다. 때는 오늘이다.

교회에서 성경공부반 멤버를 모집할 때 "성경공부는 하고 싶은데 지금은 아니다"라고 답하는 이들이 간혹 있다. 자신이 성경 말씀을 너무도 몰라서 조금 더 안 뒤에 가겠다는 것이다.

하지만 기회는 오늘이다. 뿌리로부터 올라오는 성령의 생산성의 특출함은 성령의 열매 덕분이다. 우리가 바로 성령으로 살아간다면 훗날 이 모든 성령의 열매가 이루어지리라.

"오직 성령의 열매는 사랑과 희락과 화평과 오래 참음과 자비와 양선과 충성과 온유와 절제니 이같은 것을 금지할 법이 없느니라." 갈 5:22~23

변함없으신 하나님

하나님의 성품은 변함이 없으시다. 이것을 잊어서는 안 된다.

기다림이 길수록 더욱 하나님을 신뢰해야 한다. 용서의 하나님은 인간들을 용서하시기 위해 온갖 일을 하신다. 용서받고 싶은 인간들을 두루 찾으시고, 회개하는 마음을 찾으시고, 아파하고 탄식하는 자녀들을 찾으시며, 기도하는 자들을 안으신다. 자비의 길로 이끄신다.

이것으로 해피엔딩이면 얼마나 좋으랴. 회개와 치유도 잠시, 다시 흙탕물로 돌아가는 나, 그리고 또 나를 찾으시는 하나님. 언제까지 이 일들을 반복해야 할까?

그럼에도 불구하고 하나님의 성품은 변함이 없으시다. 이런 나를 위해, 내가 아직도 죄인일 때 사랑하는 아들을 보내셨고 아들은 인간의 몸으로 오시어 순종하셨다.

"주여, 내 속에 정한 마음 창조하소서."

철수가 영희를 싫어하면

철수가 영희를 싫어하면 영희도 철수를 싫어하도록 되어 있다. 하나님과 교만의 관계도 그렇다.

하나님이 교만을 얼마나 싫어하시는지는 알지만, 교만으로 가득한 나 자신도 실상은 속으로 하나님을 싫어하고 있었던 건 아닌지 생각해 볼 일이다. 그저 불편해서 슬쩍 등을 돌리고 있는 정도가 아니다.

교만으로 가득 찬 마음에서 어떻게 "하나님 사랑합니다"가 나오겠는가. 급하면 달려가야 할 곳이 주님 품인데 어쩌다 서로 말도 섞지 않는 사이가 되어버렸을까?

영희(교만)가 그렇게 된 것은 태식(세상)이 때문이다. 태식이가 그리 믿을 만하지 않다는 것을 뻔히 알면서도 영희는 눈에 보이지 않는 철수보다 눈에 보이는 태식이 뒤에 줄을 선다.

철수와 태식이 사이에서 영희는 자신이 잘 살고 있다고 믿고 있다. 과연 그럴까?

"그런즉 누구든지 세상과 벗이 되고자 하는 자는 스스로 하나님과 원수 되는 것이니라." 약 4:4

쓰게 하시든 달게 하시든

달게 받겠나이다. 과정과 결과가 주님 손을 탄 것이라면 감사하게 받겠습니다.

우리가 볼 수 없는 영역도 높고 깊게, 길고 짧게, 넓고 좁게 보시는 주님이시다. 그러기에 세상에서 주님 손 타고 나쁜 것은 없다.

무한히 혼란스럽고 신용치 못할 세상이지만 주님께서 내리시는 금지령 "걱정하지 말라"를 기본자세로 삼고 "주님께 가까이 가려 하옵니다" 기도를 한다.

다만 우리 마음의 군주 되시어 주님의 법도를 각 개인 가슴에 써주시는 주를 붙든다. 우리 삶의 저자 되시는 주님이 물론 쓰다 달다의 심판자이시다.

따뜻한 위로자이시다. 위로의 왕! 그 누구도 이 방면으로 주님 따라갈 자 없다.

그뿐인가. 모든 능력과 귀한 것이 주님 손 안에 있다고 성경은 반복해서 말한다.

"우리 마음속을 비치시어 주님 얼굴에 나타난 하나님의 영광을 아는 지식의 빛을 우리에게 주신다." 고후 4:6

2
—
달고 오묘한 그 말씀

희 망 의   이 유

하나님의 선물

선물을 받아 열어보지도 않고 방치해둔 적이 있는가? 만약에 그것이 하나님이 내려주신 선물이었다면?

내가 그랬다. 그것도 거의 40년간을 하나님이 주신 '말씀'이라는 선물을 바쁘다는 핑계로 열어보지도 않고 한구석에 밀어두었다. 그러고는 두서없는 매일매일을 애를 써가며 살았다. 뒤돌아보면 어처구니가 빠진 무거운 맷돌을 나 혼자 힘으로 돌리려 하며 살아온 셈이다.

그렇다고 하나님의 선물을 열자마자 맷돌이 돌연히 가벼워지는 것은 아니다. 무거운 맷돌에 어처구니를 찾았다고나 할까? 그저 기본으로 돌아갔다는 표현이 맞을 듯하다. 돌고 돌아서 제자리를 찾은 것이다.

빛으로 말씀하시고, 인도하시며 사랑으로 보여주시는 주님. 주님이 주신 은혜의 선물인 말씀을 꼭 끌어안을 셈이다.

신나는 일이다. 오늘은 무슨 말씀을 해주시려나, 가슴으로 하나님의 영광을 보리라.

꽃처럼 설레고 향기로운 말씀

매일 아침 꽃 배달을 받는다. 발송인은 사랑하는 우리 주님. 이스라엘 백성이 40년간 광야에서 헤맬 때 매일 어김없이 내려주신 만나와도 같은 양식이다.

새로운 삶으로 부르는 말씀을 양식으로 내려주신다. 그 시절에는 떡을 내려주셨지만 지금은 우리에게 꽃과 같이 설레고 향기로운 말씀을 매일 내려주신다.

그리고 우리는 말씀의 옷을 입게 된다. 위로받음과 평화, 용기, 사랑의 옷을 입는다.

어디 그뿐인가. 우리에게는 우리의 대변인이 있다. 동반자가 있다. 가르쳐주는 선생님이 계시다. 이끌어주는 길잡이가 있고 "여기가 길이다" 알려주는 리더가 있다. 바로 우리 주 하나님이시다.

옛날 모세 시절 시나이 산(구약 성경의 출애굽기에 나오는 산. 고대 이스라엘 백성이 모세를 따라 가나안의 땅으로 들어가려고 머물렀던 곳으로 모세가 이곳에서 하나님으로부터 십계명을 받았다)에서 하나님의 법도를 내리심을 기념하는 축제가 오순절이다. 이날은 인류 역사의 방향을 바꾸는 날이 되었다. 또한 예수님이 승천하신 후 약속하신 대로 성령이 임재하신 날이다. 성령의 임재는 단번에 한 장소에서 이루어졌다.

아! 꽃을 배달받았을 때 제일 먼저 '누가 보냈을까' 하며 확인하는 순간,

그분이 우리 주 하나님이시라면 도저히 믿을 수 없으리라.

사실이다. 그득하고 향기로운 꽃을 배달받는 심정, 남녀노소 누구나 느낄 수 있는 감정이다.

말씀 읽기

"오늘 목사님 설교에 큰 감동을 받았어요."

성도들이 흔히 하는 말이다. 그런데 월요일이 되면 바쁜 세상 사느라 그 감동이 약해진다. 목요일쯤 되면 예배에서 느꼈던 감동이 어느새 저만치 멀어져 있다.

그러나 성경책을 펴고 눈길 가는 구절을 읽다가 깨닫는 경우, 대부분은 그다음 날에도 말씀이 심령 가운데 남아 있다.

결론적으로 남이 씹어서 주는 말씀과 자기 자신이 직접 꼭꼭 씹어서 영의 양식이 된 말씀에는 차이가 있다.

스스로 읽은 말씀은 증발되지 않고 내 안에 남아 있게 된다.

"소망의 하나님이 모든 기쁨과 평강을 믿음 안에서 너희에게 충만하게 하사 성령의 능력으로 소망이 넘치게 하시기를 원하노라." 롬 15:13

주님 뜻만 알게 하소서

"주님 좌회전입니까, 우회전입니까? 유턴할까요, 직진할까요? 아무 것도 모르겠습니다. 나의 의지인지, 주님의 뜻인지 확실히 알게 하소서. 말씀하시는 대로 순종하겠습니다."

어떻게 하면 전자와 후자를 가늠할 수 있을까. 심히 어렵다. 때로는 이게 주님 뜻이라며 혼자 단정 짓는다. 그러나 내 생각을 주님의 뜻으로 단정하는 것은 피해야 한다.

"네 하나님 여호와를 사랑하고 그의 말씀을 청종하며 또 그를 의지 하라."신 30:20

우리가 할 수 있는 일은 성급함을 자제하고 말씀을 의지하는 일이 다. 주님 말씀에 귀를 열고, 나의 감각을 넘어 그리스도의 순수함과 순 종을 배워야 한다.

'극복하는 자'에게 약속하신 '낙원에 있는 생명나무의 열매까지 먹 는' 상을 받게 하소서! 모든 것이 합력하여 주님 뜻만 알게 하소서!

말씀, 하루를 살아가는 힘

나의 어머니가 열여섯 살 일제강점기 시절에 가보았다는 금강산은 지금도 나에게 아름다움의 상징으로 남아 있다.

가끔 산을 타는 사람들의 이야기를 듣는다. 그리고 그들이 산에 매혹되어 가고 또 가는 이유에 대해서도 생각해본다. 산에는 기이할 정도의 아름다움도 있겠으나 예측치 못한 장애물과 어두움도 곳곳에 숨어 있다. 변화무쌍한 날씨, 그리고 절경 또 절경!

개인적인 나의 경험으로는 성경 말씀을 읽는 것이 이와 같다. 성경 읽기도 자신에게 맞는 방법이 있다고 생각하는데, 나는 성경 통독이나 쓰기보다는 그날그날 주시는 말씀 읽기를 좋아한다.

말씀을 읽을 때마다 '오늘은 주님이 나를 어디로 데리고 가시려나' 마음이 부푼다. 오늘은 여기 가보고, 내일은 또 인도하시는 대로 저기로 가본다. 어떤 날은 주님이 나를 금강산으로 데려가신다.

이 성경 읽기의 장점은 그날 내가 반드시 들어야 할 말씀을 들려주신다는 것이다. 나만이 아닌 성경을 묵상하는 사람들이 이구동성으로 밝히는 경험이다. 꼭 들어야 할 말씀을 주님이 '성령 택배'로 보내시어 나로 하여금 받도록 하신다.

좋으신 하나님

하나님의 말씀은 거대하기가 하늘을 찌를 듯해 파고들어 이론화시키다 보면 공중 분해되기 십상이다. 그런가 하면 듣는 순간 이 진리를 거부감 없이 믿게 되는 축복도 있다. 되찾음, 회복, 화해를 주장하시고 그것들을 이루신 주님이라고 성경은 가르친다.

시편 19장 4절에 "그의 '소리가' 온 땅에 통하고 그의 말씀이 세상 끝까지 이르도다"라고 기록되어 있다. 말씀이 들린다기보다는 '소리'가 들린다고 한다.

이에 덧붙여 성경은 이 소리의 들림은 우리가 들이마시는 공기보다 중요하며 밤과 낮 또는 태양의 빛보다 위대한 것이라고 말씀한다. 그러므로 이 모든 것을 '들을 수' 있어야 한다.

"언어도 없고 말씀도 없으며 들리는 소리도 없으나 그의 소리가 온 땅에 통하고 그의 말씀이 세상 끝까지 이르도다." 시 19:3~4절

마치 우주 창조 시 하나님께서 "빛이 있어라" 하셨듯이 "소리가 있어라" 하는 느낌마저 든다. 우리 마음에 들리는 소리가 하나님의 영광을 드러내리라. 언어를 초월한 하나님의 명작인 빛과 소리가 땅 끝까지 퍼지기를 기도한다.

말씀을 온전히 이해하려면

성경 말씀을 처음부터 끝까지 모두 믿는다는 게 힘들다고 느끼는 때가 있다. 더욱이 말씀을 전적으로 믿는 것은 혼자 힘으로는 할 수 없는 일이다. 그렇다고 믿고 싶은 말씀만 골라서 믿는 행로에 들어서면 말씀을 사랑하는 소원은 불가능해진다. 성경 읽기에 있어 성령의 도우심이 필요한 이유다.

예를 들어 "너희 중에 가난한 자가 없으리라"신 15:4~5는 말씀이 있다. 이 세상에는 차고 넘치게 가난한 자들이 많은데, 이 말씀을 어떻게 받아들여야 할까? 신명기의 이 구절은 그 시절 율법 아래에서만 있을 수 있는 말이었다. 7년에 한 번씩 모든 빚의 면제가 선포됨으로써 빚에 눌려 어렵게 사는 백성들이 가난으로부터 해방을 맛볼 수 있었다. 그럼 그것으로 끝인가. 아니다. 하나님의 은혜로 내려지는 양심에 의해 빚을 갚도록 노력해야 한다.

성경 말씀을 띄엄띄엄 읽을 수는 있겠으나 띄엄띄엄 믿는 것은 불가능하다. 은혜로 내려주시는 말씀을 믿음으로 받고 사모하게 될 때에 주의 말씀을 온전히 이해하게 된다.

우리가 간절한 마음으로 주의 말씀의 의미를 찾을 때 주님은 "너 혼자 잘해봐라"하며 버려두지 않으신다. 성령을 내려주심으로써 하나님의 영이 우리와 함께 계시어 깨우쳐주신다. 전능하신 하나님의 비전을 보여주신다.

하나님은 우리를 까막눈으로 버려두지 않으신다

어떤 이들은 성경 없이도 충분히 잘 살 수 있고 또 그렇게 살아왔다고 말한다.

그런가 하면 또 어떤 이들은 성경이 우리 인생에 꼭 필요한 말씀이며 구원받을 수 있는 도구로, 성경 없는 생활은 도저히 상상도 할 수 없다고 말한다.

성경은 하늘이 인류에게 내려준 가장 큰 선물이 하나님의 사랑이라고 말한다. 즉 하나님이 아들을 보내시어 인류를 구하신 그 사랑이다. 그런데 그 사랑은 만질 수도, 볼 수도 없다. 고로 이 사실로 누구를 설득하기가 참으로 어렵다. 이를 위해 하나님께서 보내주신 선물이 바로 성경이다.

이 좋은 선물을 나는 40년 가까이(교회에서 성경 읽을 때를 제외하고는) 외면해왔다. 그러다 어떠한 계기로 석 달 동안 성경공부를 시작하게 되었다. 이 석 달간 읽어도 또 읽어도 자꾸 막히는 부분들이 늘어났다. 까막눈으로 읽기만 하면 무슨 능사일까 싶었지만, 그래도 나는 물고 늘어졌다. 아무리 생각해도 말도 안 되는 구절을 만나면 내 구미에 맞도록 해석해 끼워 맞추는 형식으로 '아 이런 거였네!' 하기도 했다.

이것은 위험 신호다. 이러한 유혹은 누구에게나 찾아온다. 우리 안에 살아 계신 성령의 도움 외에는 다른 길은 없다. 간절히 갈구하며 말씀의 양식으로 살려고 할 때, 하나님이 절대로 그 마음을 "너 혼자 잘해봐라" 하지 않으시며 우리를 까막눈인 채로 두시지 않는다.

가슴이 뜨거워지는 경험

누가복음 24장에 엠마오로 내려가는 두 제자의 이야기가 나온다. 길을 걷던 중 그들은 부활하신 예수님과 동행하며, 그분의 말씀을 듣게 된다. 그들은 예수님과의 굉장한 대화를 메모하거나 그 내용을 서로 나누지 않았다. 그들은 대화의 내용이 아니라 자신들의 뜨거워진 가슴에 대해 이야기를 나누었다.

"길에서 우리에게 말씀하시고 우리에게 성경을 풀이해주실 때 우리 속에서 마음이 뜨겁지 아니하더냐." 눅 24:32

지난 2,000년 동안, 또한 앞으로도 이것이 바로 목회자의 사명이 아닌가 싶다. 성도들을 하나님의 말씀으로 인도해 그들의 마음에 말씀 사모함이 깃들도록 하는 일이 목회자의 사명 중 가장 중요한 것이리라.

그런데 요즘 변하고 있는 교회의 현실은 어떠한가. 미국 교회의 경우를 볼 때 일단 설교 제목은 성경 구절로 설정하고 말씀의 풀이는 고사하고 설교 내용은 다른 곳으로 흘러간다. 예를 들어 사회 정의나 삶의 문제에 대한 주제다.

이러한 트렌드의 이유는 말씀 중심의 믿음 생활이 결핍된 성도들에게도 원인이 있다. 하나님과의 대화가 줄어드는 교회는 분열이 따르기 쉽다.

성경 말씀에도 수없이 기록된 바 교회에 속하는 것은 교회에서 시작해 밖으로, 사회로 손을 뻗는다. 그것이 바로 사랑이 숨어 있는 사회 공의라고 할 수 있다.

폼생폼사 아닌 신앙생활

따져보면 뭐든지 구색이 잘 맞아 보기에도 좋은 게 나쁠 것도 없다. 외모 옷차림으로부터 시작해 학벌까지 구색 맞춤의 연연함은 한 사회의 풍습이다.

이런 구색 맞춤의 행진은 어디서 오나 한번 고민해볼 일이다. 책임감에서 때문일까? 아니면 주위 환경의 압박 때문일까? 그 근원이 무엇이든 간에 이미지 구색 맞춤에 연연하는 자세에서 벗어나고 싶다.

다리 펴고 편안한 잠을 잘 수도 없는 기간, 지쳐서 어영부영 바삐 사는 것이 고작인 시기가 누구에게나 있다. 그러다가 화들짝 정신을 차리는 이런 사이클이 어느 삶에든 누벼져 있다.

어영부영과 화들짝의 사이클! 이런 와중에도 '폼생폼사'인가. 우리는 가장으로서 엄마로서 지식인으로서 사회인으로서 구색을 찾는다.

믿는 이로서의 이상적인 구색은 일단 교회를 빠짐없이 다니는 것이다. 교회 구성원으로서의 의무도 힘써 해낸다. 성경에 나오는 소위 '바리새인'처럼 되지 않으려고 영적으로도 깨어 있다. 이러다 보면 해야 하는 일의 가짓수가 늘어난다.

그러면 하나님이 정말로 원하시는 믿는 이의 자세는 잊곤 한다.

하나님은 "너와 내가 단 둘이 시간을 갖자" 하신다. "내 말을 청종하라" 하신다. 일단 하나님께서 내게 하시는 말씀이 담긴 책을 펴고 한두 절이라도 읽는다.

항상 이것이 우리 생각인지 하나님의 뜻인지 고민하고 구분하는 습관이 좋으리라. 그분의 생각과 우리의 생각은 하늘과 땅 차이가 아니겠는가.

소 귀에 경 읽기

하나님의 가장 큰 고민거리가 바로 이것일 것이다. 2,000여 년 동안 주님을 통해서 주신 귀한 말씀, 같은 말을 하늘의 별들만큼이나 여러 번 하셨으리라. 아마도 내게도 수만 번쯤 말씀하셨으리라.

귀는 모양새로 달고 다녔으나 듣지 못하는 병에 걸렸었나 보다. 그래도 기적이 일어남은 소 귀의 주인공인 나도 근자에 조금씩 듣기 때문이다.

어려운 말씀은 간추려서도 말씀하신다.

1. 내가 너의 여호와다.

2. 내 말을 들으라.

3. 네 이웃을 사랑하라.

이 간단한 세 말씀을 듣는 데 평생이 걸렸다. '소 귀'라 함은 이 정도는 돼야 그 타이틀이 적합하리라. 단념하지 않으시는 주님! 길 잃은 양 한 마리도 찾으시는 주님!

감사합니다. 사랑합니다.

믿음 또한 일궈내는 일

"아무개의 믿음이 깊다" 하는 말을 종종 듣는다. 믿기로 작정한다 해서 저절로 감나무 아래에서 입 벌리고 서 있음과 같지는 않다. 믿음에도 가르침과 배움이 따르며 역사가 있다.

삶의 모든 일이 그렇듯이 믿음을 일궈내는 과정 또한 장밋빛만은 아니어서 솟아오르는 회의감에 하나님을 믿을 수 없는 상황도 만난다. '어떻게 제게 이러실 수가 있습니까?' 하는 섭섭함도 깃든다.

그렇다고 섭섭함이 인간뿐이겠는가. 하나님도 마찬가지시다.

"어찌하여 무서워하느냐 믿음이 작은 자들아."마 8:26 광풍이 바다에 일어 배가 물결에 덮이게 되자 제자들이 두려워하며 예수님께 구원을 요청할 때 예수님께서 하신 말씀이다. 예수님도 제자들의 믿음 부족에 섭섭함을 드러내신다.

말씀을 무한한 금광이라고 표현하고 싶다. 각 개인에게 주입되는 성스럽고 거룩한 영감의 출처가 곧 '말씀 금광'이다.

어떤 이들에게는 나무도 없는 돌산일수도 있다. 말씀 금광을 읽어내고 또 일궈내어 금보다 귀한 말씀을 가슴에 담는다. 한도 끝도 없는 과정이다.

성령의 검, 말씀

말씀을 사모하는 열정과 주님을 향한 사랑이 있는 영은 세상 유혹에 견고하고, 걸음걸음 행실이 확고하다.

살면서 고난을 몰라서 그리 담대하고 당당하겠는가? 오히려 고난을 통해 찬양함의 삶을 살게 되며 영적 전투를 위한 장비를 갖추게 되고, 인내를 알게 된다.

고난과 인내가 은밀한 배합으로 버무려질 때 거룩함이 증가되니 거룩한 즐거움이 내 것이다. 그로 인해 주를 보게 됨도 은혜이니 영광의 시작이다.

"시험을 참는 자는 복이 있나니 이는 시련을 견디어 낸 자가 주께서 자기를 사랑하는 자들에게 약속하신 생명의 면류관을 얻을 것이기 때문이라."약 1:12

주님 사랑하는 마음이 100퍼센트 순금일 때 순종으로 이어지고, 성령의 검, 곧 하나님의 말씀이 그 마음의 중심에 있게 된다(엡 6:17).

하나님의 말씀이 나의 중심이고, 피난처이고, 나의 쉼일 때 나 같은 죄인의 행위를 통해서도 하나님의 영광이 드러난다.

순수한 믿음 자체가 하나님의 영광이다.

"수고하고 무거운 짐 진 자들아, 다 내게로 오라. 내가 너희를 쉬게 하리라." 마 11:28

3
—
그리스도를 본받는 삶

희 망 의   이 유

틈

일상에는 틈이 있어야 한다. 뼈와 뼈 사이에 연골이 있듯 우리의 일상에도 연골과 같은 틈이 있을 때 건강한 생활을 유지할 수 있다.

그런데 많은 현대인이 틈을 보이면 행여 약점이 잡히지 않을까 염려해 바짝 조여 틈 없이 살아가고 있다. 정신 바짝 차리지 않으면 코 베어간다는 세상이라니까 자신도 모르게 경직되어 살아가고 있는 건 아닐까? 그 자체가 악순환임을 인식하지 못한 채 말려들고 있는 것이다.

그렇다면 알게 모르게 말려든 이 악순환에서 벗어날 방법은 없을까?

나는 기도가 답이라고 생각한다. 아무 때나 어디서든지 조용히 성령 안에서 기도할 때 건강한 생활을 영위할 수 있다.

멍석 깔고 단정하게 무릎 꿇고 하는 기도도 좋지만, 틈틈이 하는 기도는 쉬지 않고 할 수 있는 게 장점이다.

틈틈이 기도하고, 틈틈이 감사하며, 틈틈이 찬양하라.

진짜가 되려면

《벨벳 토끼 인형》이라는 동화에 나오는 이야기다.

어느 날 소년이 묻는다.

"진짜 토끼면 더 좋을 텐데…… 어떻게 하면 진짜 토끼가 될 수 있나요?"

소년의 질문에 어른은 이렇게 대답한다.

"네가 많이 사랑해주면 진짜 토끼가 될 수 있단다."

최근의 일이다. 30년쯤 전에 성경 한쪽에 적어놓은 글귀에 이 동화가 문득 떠올랐다.

Jesus Must Be Real in Me

그때도 이걸 심히 원했고 지금도 대단히 갈망한다. 이 동화책에 나오는 어른의 말대로라면 내가 많이 주님을 사랑하면, 정말로 주님이 내 안에 살아 거하실까?

요한복음에 보면 주님은 베드로에게 세 번 물으신다.

"네가 진실로 나를 사랑하느냐?"

베드로는 이에 마음 상하여 "주님이 아시지 않습니까?"라고 답한다.

솔직히 주님이 나에게도 세 번 물으실까 봐 겁이 난다. 가짜가 넘쳐나는 세상 속에서, 나는 진짜로 남고 싶다. 진짜이신 주님과 동행하는 삶이고 싶다. 주님을 지극히 사랑하는 마음 또한 하나님의 은혜요, 믿음으로 받는 선물이다. 그분의 도움이 절대적으로 필요하다.

나 하는 대로만 해

"나 하는 대로만 해!" 이게 저절로 되나? 그래도 "하라는 대로만 해" 보다는 백 배 낫다. 사실 자식 농사에 흐르는 저류가 바로 후자이지 않은가. "하라고만 할 게 아니라 본보기를 보여라." 흔히들 하는 말이다.

전자나 후자나 그걸 해야 하는 본인으로서는 난감하고 심히 피곤한 입장이다. 군대도 아닌데 말이 안 된다.

하지만 간혹 이것이 말이 될 때가 있다. 주님이 말씀을 통해서 보여주시는 본보기! 따를 수 있다면 그것이 그분을 닮는 길이다. 저마다 왕고집인 우리 인간을 불쌍히 여기시어 몸소 보여주시고 승리 승천하셨다. '이제 너 잘 해봐라' 하고 훌쩍 가버리심이 아니요, 우리의 선생님이 될 수 있는 성령을 믿는 자 그 누구에게나 내려주신다.

마흔 살이 넘은 내게 누가 큰 소리로 "나 하는 대로만 해" 한 적이 있다. 그 잊을 수 없는 순간. 남편이 그리했다. 스키장 눈 비탈 위에서였다.

아들과 남편이 좋아하는 스키를 결국 나도 배워야겠다는 결심으로 스키장에 갔다. 첫날 첫 경험! 웬수 같은 리프트를 타고 올라가는데 이미 공포로 토할 것 같았다. 리프트에서 내리면서 일단 곤두박질! 누군가의 도움으로 일어서서 내려다보니 저 아래에서 날 기다리던 남편이 소리친다.

"나 하는 대로만 해. 여기까지 와 봐."

미쳤나 보다 하면서도 스르르 두 스키 끝을 삼각으로 모으고 목적지를 향한다. 결론부터 말하자면, 물론 서서 보고 있는 남편을 초과속으로 추월하여 또 언제 멈출지 모르는 지옥행을 경험했다. 다행히도 숲에 있는 나무가 그 길을 멈추게 했다.

부부싸움은 물론이고, "레슨 같은 건 필요 없고 내가 가르쳐준다니까"라는 남편의 말을 뒤로하고 나는 말 한마디 없이 스키 강사에게 달려갔다.

피아노든 스킨스쿠버든 또는 인생을 배우는 일이든, 배울 일이 있을 때는 그 방면의 선생님을 찾는 것이 최선이다.

내면 청소

내면 청소. 듣기만 해도 속이 시원해지는 말이다. 내면 청소는 어떻게 할까? 또 얼마나 자주 해야 할까?

물론 사람마다 천차만별이다. 그런 건 필요 없다고 말하는 사람들도 있을 것이다. 그저 즐겁게, 바쁘게 살다 보면 그런 건 다 자동으로 해결되는 것이라 말하기도 한다. 과연 그럴까?

가톨릭의 고해성사가 떠오른다. 그들은 알게 모르게 범한 죄를 성찰과 통회, 고백 등의 절차를 통해 용서받는다고 한다. 다시 말해 죄 지은인간이 회개하고 하나님께 돌아올 수 있는 예식이다. 하나님께 지은 죄를 고백하면 회개의 은총을 입게 된다는 가르침이다. 의례적이고 의무적인 일종의 내면 청소. 이는 통절한 뉘우침과 용서받음의 은혜가 필수인 듯하다.

그런가 하면 '속을 비운다'는 말들을 흔히 한다. '내려놓는다'는 유행어 수준의 쿨한 표현도 있다. 내려놓는 것인지 올려놓는 것인지 사실 감지하기 어렵다.

속이 후련하도록 위안되는 내면 청소는 사실 한방에 해냄보다는 평상시 조금씩, 무엇인가가 많이 쌓이기 전에 하는 것이 좋다. 기도하는 마음으로, 각자의 방식대로 현상 유지 청소를 해야겠다.

고해성사도 좋고 순례 길을 걷는 것도 좋은 방법일 수 있다. 물론 일상에서 주님과 동행하는 방법도 있다. 무엇이 되었든, 늘 자신의 상태를 감지하며 영적으로 깨어 있는 믿음생활을 해야겠다.

사랑하면 닮아간다

사랑하면 얼굴이 환해진다. 그뿐인가. 자신도 모르게 상대방을 점점 닮아가게 된다.

연인들의 얼굴에 생기가 도는 이유도 사랑하기 때문이다. 또 부부가 함께 살다 보면 서로를 닮아간다. 빛이신 주님을 사랑하면 자신도 모르게 그분을 닮아간다. 얼굴마저 환해진다.

'주여' 하고 부를 때 가까이 오시는 주님, 우리의 믿음이 그 가까우심을 느끼게 한다. 내게 가까이하여 두려워하지 말라는 주님이시기에 기도 중 "두려워하지 말라" 함을 들이마시고, "내 심령의 원통을 풀어주셨고" 하는 찬양의 숨을 내쉰다. 이런 면에서 기도는 호흡이다. 이처럼 자신의 호흡 속에 계신 주님을 어찌 닮지 않으리오.

"여호와여 내가 심히 깊은 구덩이에서 주의 이름을 불렀나이다 주께서 이미 나의 음성을 들으셨사오니 이제 나의 탄식과 부르짖음에 주의 귀를 가리지 마옵소서." 애 3:55~56

나의 귀도 가리지 말아야겠다. 주여, 말씀하소서. 듣겠나이다.

주님의 사랑 표현하기

주님의 사랑을 어떻게 그릴 수 있을까? 그 어떤 미술 도구도 필요치 않다. 그저 두 팔만으로 언제 어디서든 주님의 사랑을 그릴 수 있다. 한 팔은 가로로, 다른 한 팔은 세로로. 우리를 향한 주님의 사랑은 이 십자가에 농축되어 있다.

주님께서는 인간의 힘만으로는 구제불능인 우리 죄의 희생제물이 되시어 십자가의 번뇌를 치르시고 승리의 부활을 이루셨다. 그렇다. 단 한 번의 십자가여야 한다.

그런데 왜 나는 반복하여 십자가에서의 피 흘리심을 되풀이하시도록 하는 걸까. 주님의 말씀에 부상을 입히는 나 자신이 안타깝다. 주님은 이러한 우리를 우려하사 위로자이며 인도자이신 성령을 보내셨다.

아! 이 허물투성이인 내 모습일망정 '걸어 다니는 주님 사랑'이 되고 싶다.

"생명의 원천이 주께 있사오니 주의 빛 안에서 우리가 빛을 보리이다." 시 36:9

너희도 가려느냐

예수님이 열두 제자에게 물으신다. "너희도 가려느냐." 이에 대한 베드로의 대답, "주여 영생의 말씀이 주께 있사오니 우리가 누구에게로 가오리이까?" 요 6:67~68

한술 더 떠서 베드로는 다시 "그 어디에 행복이 있다면 그 길은 주를 따르는 길"이라고 주장한다.

온갖 고난과 시련을 겪으며 줄곧 주님 곁을 따라다니던 제자들! 그들 또한 인간의 나약함에서 벗어나지 못한다. 이 짧은 물음 속에는 "(산전수전 다 겪으며 내 옆에 가족같이 붙어 다니더니) 이제 가려느냐"는 주님의 연민이 보인다.

주님의 가르침을 따라다니던 무리들도 떠나고 가족이나 다름없던 제자들에게마저 이런 질문을 해야 하는 주님의 심정을 헤아려보면 마음이 아프다.

나 자신이 바로 제자들로 투영되기에 "용서하소서" 외에 무슨 말을 할 수 있겠는가.

"누구든지 나를 따라오려거든 자기를 부인하고 자기 십자가를 지고 나를 따를 것이니라." 마 16:24

중국! 그 땅마저 들리게 하소서

15억에 가까운 사람들이 두 팔 두 다리로 번쩍 뛰며 '할렐루야'를 외치는 만화 같은 그림이 내 마음에 있은 지 오래이며 이걸 위해 나는 지금도 기도한다. 내가 무엇이라고, 무슨 자격으로 이 기도를 하나 싶지만, 계속 기도드린다.

할렐루야는 많은 사람들이 알아듣는 세계 용어다. 인간의 원망, 절망, 희로애락을 구사한 150편의 시! 최종 넉 자 '할렐루야', 즉 찬양함이다.

성경 말씀 한 자 한 자를 철저하게 이해하는 이들은 특별한 사람들이다. 나는 읽어도 무슨 말인지 못 알아듣는 것이 많다. 그래도 너무 좋다. 그나마 알 수 있는 게 너무 좋아서 감사한 마음뿐이다. 많은 사람들이 이 말씀, 사랑의 기쁨을 경험했으면 하는 마음이다.

특히 저 수많은 중국인들을 위한 간절한 기도, 신기하다. 요즘엔 인도도 기도에 추가했다. 두 나라 인구가 세계 3분의 1 이상이 된다.

오, 주여 이루소서. 그들이 주님 알게 하소서. 그들이 하나님 말씀을 사랑하게 하소서.

고난이 기쁨 되어

나쁜 일이 변해서 좋은 결과를 가져오는 현상을 우리는 '새옹지마(塞翁之馬)'라고 한다. 이것을 신앙에서는 하나님 섭리의 놀라운 조화라고 말한다. 거듭되는 악이 하나님의 섭리로 선을 이루는가 하면 또 그것들이 악으로 뻗어 나가는 과정! 이것을 깊이 파고들어 연구함은 신학자들 몫이겠지만 우리는 그 현상을 통해 하나님의 은혜를 체험할 수 있다.

하나님 섭리의 조화를 다 이해할 수는 없지만 하나님은 필연코 어떤 상황에서라도 당신의 뜻을 이루신다.

왕자였던 모세는 우연찮게 사람을 죽임으로써 도망자가 되어, 40년간 광야에서 연단을 겪게 된다. 하지만 이후 하나님께 쓰임을 받아 이스라엘 백성들을 이끌고 가나안 땅을 향해 나아간다.

요셉은 형제들에 의해 애굽으로 팔려가고, 그곳에서도 감옥 생활을 하게 된다. 하지만 이후 왕의 신임을 받아 애굽의 총리대신이 되고, 이스라엘 백성을 기근으로부터 구원한다.

이뿐 아니라 성경에는 수많은 '새옹지마'의 이야기들이 나타난다. 그 주인공들은 악을 통해 선을 이루시는 기적의 하나님을 경험한 이들이다.

성경 이야기뿐 아니다. 초기 기독교 시대, 네로 황제의 그리스도인에 대한 핍박은 오히려 복음 전도의 도구로 쓰였다.

전체 성경과 기독교 역사를 통해 하나님 섭리의 묘한 조화는 셀 수 없을 만큼 많다.

영이 갑이 되고 육이 을이 되는 변화

'새로 태어나다', '재창조되다'라는 말은 단순히 사람이 변하는 것과는 다른 것이다. 인간이 세상에 태어남은 육신으로요, 믿음으로 거듭남은 영에 의해서라고 성경은 가르친다.

"육으로 난 것은 육이요 영으로 난 것은 영이니." 요 3:6

이 말씀을 들었다 났다 토론할 여지가 있을까? 말 그대로다. 명명백백하게 쉬운 말로 적혀 있다. 곰곰이 생각해도 거듭남은 영에 의해서 이루어진다는 사실은 변하지 않는다.

문제는 거듭나기 전 우리의 영은 육의 명령에 어찌할 바 몰라 한다. 하지만 재창조 이후에는 '영이 갑이 되고 육이 을이 되는' 변화를 맛본다.

바람이 어디서 와서 어디로 가는지 가늠하기 어렵듯이 성령으로 난 사람도 그러하다고 주님이 말씀하신다. 나아가서 우리는 거듭나야 한다는 말씀에 "놀라지도 말라" 하신다.

놀라움, 거부감도 바람에 날려가 버리면 좋겠다.

믿음이 무슨 벼슬이라고

믿음조차 교만이 된다. 무엇을 믿는다는 기쁨이 순수한 기쁨으로 끝나지 않고 자신도 모르게 교만의 샛길로 빠진다. 무슨 벼슬이라도 하는 양. 그래서 교회 다니는 사람을 보면 교회 갈 마음이 안 생긴다 하는 것인가.

좋은 것이 그대로 남아 있을 수는 없나. 교만과 욕심 중 하나님이 무얼 더 싫어하실까 생각해본다. 성경 말씀에 의하면 하나님이 가장 싫어하시는 것이 교만임에도 불구하고 우리는 항상 교만한 모습을 주께 보여드린다. 교만으로 맺는 열매 중에 먹을 만한 건 하나도 없으련만. 교만이 쥐도 새도 모르게 우리 살 속에 박히면 이 잡듯 잡아내려 해도 손끝에 잘 잡히지 않는다.

결국은 성령만이 그 일을 해내신다.

우리 기호에 맞추어 예수를 만들지 말자

요즘 어떤 찬양들은 가사를 볼 때 우리 입맛에 맞추어 예수를 만들고 있지 않나 하고 겁이 난다. 적어도 이것만은 하지 말아야 하지 않을까. 하나님의 말씀마저 앞뒤 딱딱 맞춰가며 완전무결하게 이해하려는 태도는 조심스럽다.

세상의 모든 것이 결국은 우리의 기호에 맞추어 만들어지고 우리는 그것들을 소유하게 된다. 미처 따라가지 못할 정도의 하이테크 물건들, 자동차, 음식, 주택, 농산물, 심지어 자식 농사도 우리 기호의 산물이다. 그러나 예수님은 우리의 기호에 맞추어선 안 된다.

예수님을 우리 기호에 맞추려는 여러 가지 이유를 헤치고 들어가 보면 결국 하나님이 아니라 자신의 영광을 취하기 위해 그러는 것은 아닐까.

"너희가 서로 영광을 취하고 유일하신 하나님께로부터 오는 영광은 구하지 아니하니 어찌 나를 믿을 수 있느냐."요 5:44

주여, 어디서부터 어떻게 시작하면 좋습니까. 도와주소서. 일심으로 주의 이름 경외하게 하소서.

양은 양으로 남아야 한다

이리들 속에 사는 양들의 이야기가 마태복음 10장에 나온다. 이리 떼 속에서 살아남는 것만도 힘겨운데 그 속에서 길을 잃었다고 한다. 상상이 아니요 현실이다.

세상을 살아가다 보면 간혹 살아남기 위해 양이 이리로 둔갑하는 경우를 종종 본다.

그러나 양이 이리를 이기려 힘쓰기보다는 양은 양으로 남아야 한다.

이리가 양이 되도록 하는 노력마저 없다면 이 세상 온통 이리떼들로 득실거리지 않겠는가.

찰스 스펄전 목사는 말하기를 "믿는 이들의 단 하나의 무기는 그들이 빈손이라는 점이다"라고 했다.

치유받은 이리는 얼마든지 양이 될 수 있다.

"보라 내가 너희를 보냄이 양을 이리 가운데로 보냄과 같도다 그러므로 너희는 뱀 같이 지혜롭고 비둘기 같이 순결하라." 마 10:16

사랑

요즘 젊은이들은 줄여 말하는 것이 유행인가 보다. 오징어 덮밥은 오덮, 아이스 아메리카노는 아아 등이 그렇다.

성서의 지켜야 할 그 복잡한 율법을 두 자로 줄여서 말할 재간이 있을까. 인간으로서 도저히 다 지킬 수 없다는 그 불가능한 율법 말이다. 성경은 그 수많은 율법을 '사랑' 두 글자로 함축시켰다.

사도 바울 역시 듣기만 해도 부담되는 열 개의 계명을 '네 이웃을 사랑하라' 한 개로 이룰 수 있다고 말한다.

"남을 사랑하는 자는 율법을 다 이루었느니라." 롬 13:8

"나 스스로의 의로움은 허세가 드러나고 사랑은 예수 그리스도가 드러난다"는 말이 있다. 우리 스스로의 의로움을 돋우는 수많은 가정적·사회적 임무들은 끊임없이 늘어만 가는 지하철 노선만큼 복잡하다. 이 복잡한 임무들도 두 글자로 줄여서 헤쳐 나가야겠다.

우리 인생은 결국 하나님이 우리에게 주신 사랑에 사랑으로 응답하는 것이라고 성경은 가르친다.

십자가 없이는 그리스도도, 면류관도 없다

십자가, 그리스도, 면류관. 이 세 가지가 한 묶음이라고 바울은 말한다. 주님의 십자가는 무거운 것이었지만 우리에게 지우시는 십자가는 가벼운 것이라고도 말한다.

왜 더 가벼울까. 우리가 지는 십자가는 주님을 위한 십자가요, 주님이 지신 십자가는 세상의 죄악을 한 번에 씻어내는 목적을 이뤄내신 순종의 십자가이기에 그러하리라.

주님의 십자가는 사랑의 극치요, 그 십자가의 결말은 승리다.

주님은 순종으로 하나님의 뜻을 이루셨고 그 결과는 면류관이다.

그런데 나 자신은 어떠한가. 그리스도와 면류관, 십자가 중 십자가는 애써 외면하며 의도적으로 망각한다.

주님이 지신 십자가를 늘 기억하며 사는 삶을 살고 싶다.

십자가 없이는 그리스도도, 면류관도 없다는 바울의 말을 기억하리라.

너의 항아리를 부수라

손에 쥔 우승컵을 차마 부수지 못하는 게 인간이다. 그러나 "삼백 명을 세 대로 나누어 빈 항아리 들고, 항아리 안에 횃불을 감추고, 여호와의 지시에 따라 나팔소리에 손에 들었던 항아리를 부순 기드온의 삼백 용사들"삿 7:16~19을 생각하면 마음이 숙연해진다.

인간의 방식으로는 이해조차 할 수 없는 하나님의 승리 방식이다. 만 명으로도 이길 수 없는 적을 줄이고 또 줄여서 삼백 명으로 대적하라니? 그것도 모자라 승리의 항아리를 가루가 되도록 부수라니? 상대는 이스라엘 백성을 7년이나 압제했던 미디안족인데 말이다. 하나님의 방식은 때로 순종하기에 두렵기까지 하다.

하나님은 안간힘을 쓰며 움켜쥐고 있는 항아리를 부숴버리라고 말씀하신다. 그 항아리가 부서져야 내 안의 성령의 불빛이 튀어나올 수 있기 때문이다.

"나의 능력을 믿고 온전히 의존하라."

하나님을 신뢰하는 마음, 진정으로 나의 것이라 주장할 것은 이것뿐이다.

Just Do It!

"Just Do It!" 유명한 스포츠 광고 슬로건이다.

죽어도 못 할 것 같아도 그냥 해보라는 것이다. 나 자신에게 내리는 명령이다. 춥든 덥든, 돈이 있든 없든, 시간이 있든 없든, 남이 뭐라 하든 말든 맹목적으로 해보란 의미다.

그런데 우리가 꼭 해야 할 'Just Do It'이 있다.

"너희는 내 목소리를 들으라."

이 열한 글자는 다섯 살 어린 아이도 알아들을 수 있는 쉬운 말이다. "그리하면 나는 너희 하나님이 되겠고 너희는 내 백성이 되리라." 렘 7:23

그의 음성을 듣기만 하면 우리는 살 수 있다.

구약 시대에는 선지자들이 하나님의 말씀을 듣고 그분의 뜻을 분별했다. 지금 우리에게는 더 좋은 분, 성령께서 계신다. 각 사람의 마음속에 거하시는 성령 외에 더 바랄 것이 있을까.

하나님의 형상대로

우리 인간은 하나님의 형상대로 만들어졌다. 그러니 생긴 대로 살아가면 그만이다. 체념이 아니라 감사해야 할 일이다.

문제는 그 형상이 심히 망가졌다는 사실이다. 사람의 속속, 가장 깊은 곳, 세세한 것을 결정하는 유전자. 하나님이 지으신 대로의 형상 회복이 시급하다.

이에 대해 예레미야는 이렇게 말한다. "여호와께서 이와 같이 말씀하시기를 보라 나는 내가 세운 것을 헐기도 하며 내가 심은 것을 뽑기도 하나니 온 땅에 그리하겠거늘."렘 45:4

뿌리부터 뽑아 새롭게, 지음 받은 대로의 회복만이 그분의 형상대로 살 수 있는 유일한 방법이다.

"이는 사람으로 혹 하나님을 더듬어 찾아 발견하게 하려 하심이로되 그는 우리 각 사람에게서 멀리 계시지 아니하도다."행 17:27

하나님은 우리 안에 그분의 유전자를 심어 놓으셨다. 그것을 믿고 더듬어 발견하는 일은 우리의 몫이다.

은혜로부터 떨어져나가지 않으려면

신앙인이 가장 두려워하는 것은 은혜로부터 떨어져나가는 것이다. 주님으로부터 떨어져나간다 함은 우주선에서 광대한 우주로 내동댕이 쳐지는 것과도 같다. 상상만 해도 끔찍한 일이다.

내게도 이런 일이 일어날 수 있을까? 생명을 잃는 것과도 같은 그런 일은 내게 결코 없을 것이다. 그러나 내가 스스로 의로워지려고 하면 위험해질 수도 있다.

"주께서 내 생명을 사망에서 건지셨음이라 주께서 나로 하나님 앞, 생명의 빛에 다니게 하시려고 실족하지 아니하게 하지 아니하셨나이까." 시 56:13

주님은 내 생명을 건지시기 위해 나와 하나님과의 관계 회복에 힘쓰신다. 이 힘은 부활 승리를 이루신 그 능력이고, 원하시는 일은 무엇이든 능히 이루시는 하나님의 능력이다.

하나님은 나의 순종을 통해 뜻을 이루신다. 내가 기도하며 바라는 것이 오직 하나님 아버지의 영광일 때 은혜가 차고 넘친다.

주님이 얼마나 좋아하실까!

"주의 입의 법이 내게는 천천 금은보다 좋으니이다." 시 119:72

다윗의 고백, 나도 이 세상 떠나기 전 하나님께 드리고 싶다.

그럼에도 또 나는 돈이 좋다. 오, 주여!

아등바등 내가 원하는 것들, 돈이 다 해결해 주었던가? 아니다. 돌아보면 전부 하나님이 하셨다.

그럼에도 다윗의 고백이 삶에는 반영되지 않고, 머리에만 머물러 나를 기만하고 있다. 사울까지 질투한 다윗의 경건, 그가 삶에서 추구한 것은 진리의 말씀이었다. 돈은 나의 주머니를 부요하게 하지만 진리의 말씀은 나의 영혼을 부요하게 한다. 돈이 빠져 주면 세상이 불공평하다고 생각할 여지가 줄어든다.

그럼 무엇을 어떻게 해야 할까? 우선 회개의 기도를 해야겠다. 돈의 지배력에서 빠져나와 주님을 보아야겠다.

빛에 거하시고 옷을 입음같이 빛을 입으신 하나님을 경외할 때 죄에 빠짐에 브레이크가 걸린다. 죄의 유혹을 물리치는 비결은 하나님을 두려워함이다.

그러나 나의 마음은 어디를 보고 있고, 어디에 빠져 있는 걸까? 무엇을 건져보겠다고 이 샘, 저 샘을 파고 있나? 샘은 주님 안에 있는데.

"주의 입의 법이 내게는 천천 금은보다 좋으니이다."

이 고백이 나의 고백이 될 때, 주님 얼마나 좋아하실까!

하나님, 어디 계십니까?

살다 보면 하나님의 그림자조차 느껴지지 않는 암흑의 시간이 있다.

그 시간에도 나의 마음은 쉬지 않고 주님을 찬양한다.

어떻게 그럴 수 있을까?

말씀이 우리의 마음속에 살아 있다면, 찬양의 마음이 있고, 그 안에는 하나님이 계신다.

"그러나 내 말이 너희 안에 있을 곳이 없으므로 나를 죽이려 하는도다." 요 8:37

말씀이 우리 안에 '있을 곳'이 있어야 한다.

오 주님, 용서하소서. 2,000년 전에도 주님은 '있을 곳'이 없어 말구유에 누우셨는데 지금 내 속은 무엇으로 가득 찼기에 진리의 말씀이 들어올 자리가 없단 말인가?

주님, 은혜로 채우소서. 주님 말씀으로 내 마음을 다스리소서.

주님, 오셔서 내 마음에 가득한 죄악들이 쫓겨나게 하소서.

주님, 교회에도 들어오소서.

바쁜 사역자들 안에서 '있을 곳'을 찾으십니까?

주님이 있을 곳이 '말구유'뿐입니까? 말구유가 우리의 심령입니까?

주님의 말씀이 사역자들의 가장 신성한 곳으로 들어가소서.

교회 안에서마저 '하나님이 어디 계시는지'를 찾지 않게 하소서.

죄와 은혜

"믿음으로 기생 라합은 정탐꾼을 평안히 영접하였으므로 순종하지
아니한 자와 함께 멸망하지 아니하였도다." 히 11:31

하나님은 죄를 싫어하시고 죄는 하나님을 싫어한다.

신실한 믿음에서 나온 행함은 과거의 부끄러운 죄를 초월해서 은혜
를 불러오고 영광을 보게 하는 시작이다.

하나님의 음성을 마음으로 듣기를 소망하는 삶이 믿음의 삶 아니겠
는가! 그분의 음성을 들을 때 깨달음과 지혜까지 주시니 더없는 축복
이다. 못 들어서 속 터지는 일이 없도록 듣는 귀가 항상 열려 있음은 감
사한 일이다.

라합은 과거의 죄에 눌림 받는 대신 흔들리지 않는 믿음을 선물로 받
았다. 대대로 이어지는 믿음을 하나님께서 선물로 주신 것이다.

세상에서는 인정받지 못했지만 하나님의 인정을 받은 라합의 믿음
은 히브리서 11장에 오를 만한 믿음이었다.

죄사함을 받고 그 죄에서 하나님의 뜻으로 시선을 옮길 때 미래의
길이 보인다.

세상의 불공평을 원망하며 죄의 삶에 머물러 있었더라면 라합의 인생은 그것으로 끝났을 것이나 하나님의 계획은 라합을 믿음의 길로 인도하시는 것이었다.

라합의 믿음과 순종은 그녀의 이름을 노아, 아브라함, 요셉, 모세의 이름과 나란히 성경에 올려놓는 열매를 맺었다.

믿는다고 뭐가 달라질까?

"이는 내 생각이 너희의 생각과 다르며 내 길은 너희의 길과 다름이라." 사 55:8

하늘이 땅보다 높듯이 여호와의 생각과 길은 나의 그것들과 다르다고 성경은 말씀하신다. 천층만층 각자의 세계와 현실이 있고 남녀노소 그들이 서 있는 장소가 있다. 수십억 명의 인구가 매일매일 변하는 상황에서 살아가는데, 그들 앞에 당면한 배울 점들은 왜 이리도 많은가.

그 한 사람 한 사람이 결국은 자신들과 잘 살아보려는 투쟁이다. 자신과 잘 살아내야 남들과의 관계도 잘 이루어지리라.

그 자체가 힘겹고 외로운 여정, 누가 대신 그 길을 걸을 수도 없다. 또 남이 아무리 공정한 충고를 한다 한들 자신에게는 해당이 안 되는 경우가 태반이다. 대개는 그저 자신만의 확고부동한 용기와 태세로 한 발 한 발 전진할 뿐이다.

이러한 인생대열에서 믿는 이들은 각자 자기 종교에 의존하는 생활을 하며 또 종교가 없는 이들도 동등한 무게로 그 무언가를 신뢰하고 의지하며 살리라.

믿는다는 것은 온 마음과 힘으로 여호와를 사랑하고 신뢰한다 함이겠다. 그분이 마치 우리 옆에 계신 듯, 우리와 동행하시는 영적 동반자가 되심이다.

그 누구를 100퍼센트 신뢰할 수 있는 상황이 사는 동안 그리 많지는 않다. 다만 믿음으로 얻는 이 선물이 우리의 영혼에 큰 위로와 평화를 준다. 뭔가 믿는 구석이 있게 되는 것이다.

믿는다고 뭐가 달라질까 싶지만, 믿음은 '은혜'의 세상을 살게 됨이요, 그리하여 은혜가 시작점인 '영광'을 구함이 다르다. 즉 나 자신이 나도 모르게 달라진다.

교만과 자아

"그대가 의로운들 하나님께 무엇을 드리겠으며 그가 그대의 손에서 무엇을 받으시겠느냐."욥 35:7

내가 하나님께 유익이 될 수도 있다는 생각은 착각인가? 하나님을 온 마음으로 사랑하는 것은 확실한데…….

자신이 세운 바빌론의 아름다움과 위대함에 도취되어 "내가 세운 바빌론"이라고 외쳤던 느브갓네살 왕과 벽돌 조각을 대리석으로 바꿨다고 자만하던 카이사르가 내 안에도 있다. 나의 의지와 하나님의 뜻을 분별하지 못하게 하는 최고의 훼방꾼은 나의 이 자아다.

하나님의 인도하심, 목적에서 눈을 돌려 나의 희생, 고난, 아픔, 한계에 집중하게 하는 이 훼방꾼을 어떻게 퇴장시킬까?

하나님의 뜻을 알고자 하는 소망, 나의 의지가 하나님의 의지 속에 녹아 들어서 하나가 되면 가능할 것이다. 삶의 이유가 순수하게 하나님의 영광만을 구할 때 나의 이성이 바르게 쓰이고 하나님의 뜻을 분별하는 축복을 받게 된다.

"너희가 진리를 순종함으로 너희 영혼을 깨끗하게 하여……"벧전 1:22

새 얼굴

비가 내리고 나면, 땅은 비를 머금은 새 얼굴이 된다.

부드러운 땅, 옥토가 된다.

세상의 모든 땅은 하나님의 보존하심 아래 있다.

자연스러운 아름다움, 그곳에서 들꽃도 자란다.

우리의 영혼도 마찬가지다.

말씀이 뿌려진 우리 마음은 새 얼굴이 된다.

'슬픔의 베옷'을 벗겨주시고 '기쁨의 띠'로 둘러주신다.

4
—
인생의 한가운데 서서

희 망 의   이 유

콩나물 다듬듯

주방 한편 수북이 쌓인 콩나물을 보고 있으면 '저걸 언제 다 다듬나, 안 먹고 말지' 싶다가도 아삭한 식감의 콩나물무침과 얼큰한 콩나물국 맛을 떠올리면 포기할 수가 없다.

더 맛있고 새로운 음식들의 등장에도 놓을 수 없는 우리 영혼의 음식이다.

콩나물은 그저 콩나물이다. 나는 그것이 좋다. 끝없는 맛의 추구! 저마다의 노하우들 틈에 끼어들지 않는, 주연이기도 하지만 조연이기도 한 콩나물.

그런 콩나물에게 한 가지 흠이 있다면 바로 다듬어져야 한다는 것이다. 다듬지 않아도 되는 콩나물이 있어서 사보았지만 내 경험으론 실패다. 수박은 씨 없는 것도 시판되던데 꼬리 없는 콩나물은 왜 아직인지…….

어느 날 드라마를 보며 문득 이런 생각이 들었다. 저 수북이 쌓인 콩나물을 댓 개씩 집어서 일일이 다듬는 것이 어떤 가정에서는 매일 볼 수 있는 그림일 텐데…….

아, 내 영도 내 마음도 매일 저렇게 다듬어지면 좋으련만.

도시락을 풀어보거라

한 아이가 시골길을 타박타박 걸어 학교로 향하고 있었다. 아이의 아버지는 아내를 잃고, 혼자 힘으로 아이를 키울 수 없어 얼마 전 새어머니를 맞았다. 그리고 이 사실은 그리 크지 않은 시골에서는 잘 알려진 사실이었으리라.

잠시 후, 아이 옆을 지나가던 인력거 하나가 멈춰 섰다. 그러고는 인력거에 앉아 있던 마님이 아이에게 말을 건다.

"어령아, 도시락을 좀 풀어보거라."

그 동네 점잖으신 마님. 학교로 향하는 아이를 보자 연민의 마음을 느껴, 인력거를 멈춰 세우고 아이가 뭘 먹고 다니는지 살핀 것이다.

이 이야기는 이어령 교수의 《지성에서 영성으로》에서 읽은 내용이다. 지은이 자신의 어린 시절 이야기라고 한다. 친구에게 이 책을 선물로 받아 몇 번을 되풀이해 읽었는지 모른다. 이 이야기는 나로 하여금 어디에서든 어린 어령이들을 알아보게 하였고, 그 자리에서 기도하게 만들었다.

연민이리라. 나도 그 마님을 닮아가나 보다.

누구의 공로로 살아갈 것인가?

많은 이들이 '내 공로'를 과시하며 살아간다. 인간으로 태어난 이상 대부분 이 늪에서 벗어나기 어렵다.

훌륭한 사람이 되기 위하여 구색도 갖추고 좋은 가르침이 몸에 배도록 익혀왔으니 그에 대한 열매는 거론의 여지가 없는 '내 공로'다. 남이 보기에도 훌륭한 공로이며 노력의 결과라 할 수 있다.

'내 공로'를 주장하는 이들이 잘 먹고 잘 살며 그 공로로 승진도 잘한다. 그래서 현실적으로 '걸어 다니는 내 공로들' 틈에서 '내 공로 없나이다'로 살아가기란 더욱 쉽지 않다. 자신감은 날아가고 그야말로 별 볼 일 없는 사람이 되지는 않을까 염려된다.

그러나 과연 '내 공로'로 살아가는 이들이 영의 속박을 떨쳐내고 참자유를 얻을 수 있을까. 우리 안에 살아 계시는 치유의 주님과 동행할 때 우리는 자유함을 누릴 수 있다.

영광은 '나의 것'이 아닌 '하나님의 것'이라는 기쁨이 있다.

혼자 크게 박수 치기

오케스트라 연주가 미처 끝나기 전 열렬히 박수를 친 적이 있다. 곡의 분위기상 분명 끝인 줄 알고 큰 박수로 환호했는데, 잠시 뒤 연주가 이어졌다. 그때 머쓱해진 기분은 지금까지 잊히지 않는다. 이제는 남이 박수 치기 전에는 절대로 먼저 치는 일은 없다.

다른 사람의 시선을 두려워하지 않고, 혼자 크게 박수 치며 사는 것도 타고난 재주다. 특히 서양 문화에서는 소위 우리가 말하는 얌전을 빼는 것은 무용지물이라는 걸 오랜 시간에 걸쳐 배웠고 몸에 익힌 바다.

50년 전 대학원 졸업 후 처음으로 회사에 입사하면서 인사과 책임자와 인터뷰를 했던 기억이 난다. 어느 정도의 연봉을 원하느냐는 질문에 나는 "그냥 주실 만큼 알아서 주세요"라는 답변을 했다. 내가 원하는 것을 당당히 요구하지 못하고, 상대에게 떠넘기는 것은 미덕이 아니다. 묻는 이도 이상하다는 표정으로 나를 본 듯하다.

음악회에서는 그렇게 잘도 해내던 크게 박수 치기를 그때는 왜 하지 못했던 것일까? 인사과 책임자와의 인터뷰 전체의 흐름도 마찬가지였다.

50년이 지났지만, 지금도 혼자 크게 박수 치기에는 큰 발전이 없다.

마음 고쳐먹기

억만금을 주고도 살 수 없는, 그러나 사실은 좋은 것들이 있다.
텅 빈 집에서 느끼는 고요함
스케줄 수첩의 빈칸들
헐렁하게 비워져 있는 서랍
나 자신을 볶아대지 않는 자세
얽매임 속에서의 평화 누리기보다는
옳음의 장애물을 극복하고
보통도 괜찮은 자유로움을 꿈꾼다.
의로움보다는 사랑, 가짜보다는 진짜
콩 볶는 빠름보다는 적당한 쉼표로
마음 고쳐먹기.

거짓말이어야 함이 거짓이 아닐 때

거짓말이었으면 하는 것들이 있다. 6·25 전쟁이 그중 하나다.

전쟁이 터지자 아버지께서는 도우미 언니에게 "수원까지만 내려갔다 올 테니 너는 문 꼭 잠그고 영선이 데리고 있거라" 하며 길을 나서셨다. 그렇게 여섯 식구 중 나만 두고 모두 떠났다.

이게 전쟁이다. 우리 가족은 진해까지 밀려간 채 약 3~4개월을 못 돌아왔다. 그동안 아이에게 무슨 일이 일어났을까는 알 만한 일이었기에 진해에 있는 가족 그 누구도 아이 이야기는 입 밖에 꺼내지 않았으나 어머니는 병이 나셨다.

서울 북아현동 집, 네 살짜리 아이는 방마다 문을 열고 엄마를 불렀다. 그리고 서울에 폭격이 무섭게 시작되던 날, 도우미 언니는 아랫집 도우미 언니와 도망을 갔다.

아이가 집어먹을 수 있도록 온 집 바닥에 먹을거리를 널어놓은 채 언니마저 떠났다. 집안에 혼자 남겨진 아이에게 존재하는 것은 '하늘의 뜻'뿐이었다.

아이가 홀로 지내야 했던 2~3일간의 시간은 그 후 3~4개월로 이어지며, 또 70평생으로 이어진다. 아니, 3대로 이어진다. 그게 전쟁이다.

전쟁의 실체는 한국 사회에 아직도 현실로 존재한다. 남북으로 두 동강이 난 채로 너도나도 전쟁의 값을 치르며 때론 좌절하고, 또 때로는 도전하고 발전하며 살아가고 있다.

얼음 뚫고 생선 잡기

때로는 사람의 마음을 얻기가 두꺼운 얼음에 구멍 뚫기처럼 생각될 때가 있다. 꽁꽁 얼어붙은 마음, 빙판이다.

그 무엇이 펄펄 뛰던 생선 같은 마음, 따뜻한 혈기가 있던 마음과 영을 이렇게 만들었을까. 아직도 빙판 밑에는 예전에 펄펄 뛰던 생선이 살아 있을까. 그 어떤 상처, 아픔, 좌절이 빙판으로 둔갑되었나.

빙판 밑에 갇혀 있기로 스스로 선택한 것일까.

우리 주님께서는 얼음을 뚫고 상처받은 우리의 마음을 구하시려 2,000년 전 오셨지만, 수천 년 묵은 빙판은 아직도 존재한다. 사람의 힘으로는 깨어지지 않는 두꺼운 빙판 속의 생선을 낚을 도리가 없지만 뭉쳐서 기도할 수는 있다. 주님을 좇아 따라갈 수는 있다.

"말씀하시되 나를 따라오라 내가 너희를 사람을 낚는 어부가 되게 하리라 하시니 그들이 곧 그물을 버려두고 예수를 따르니라."마 4:19~20

사람을 낚는 일은 하나님의 작품인 듯하다. 그분의 유일한 특기다.

칼 가는 사람들 틈에서 살아남기

한번 생각해볼 문제다. 아무리 평범해보여도 누구나 그 무엇 한 가지씩은 자신만의 재능을 가지고 태어난다. 그렇게 태어나지도 않은 사람이 남이 다 한다고 자신도 똑같이 칼을 간다면 이는 흉내일 뿐 진짜가 될 수 없으며 시간 낭비다.

인간은 나약한지라 남이 칼 가는 것을 보면 자신도 칼을 갈 수 있겠다는 착각을 한다. 장사가 잘 되는 국밥집을 보며 길 건너에 자기도 국밥집을 여는 경우다.

우선 창의적 마음가짐이 필요하다. 옆을 둘러보기보다는 나 자신과 접속하여 내가 무엇을 할 수 있나 곰곰이 생각해야 한다. 요즘 세상은 컴퓨터마저도 '나의 취향 선호도'를 추적해 각 개인이 좋아하는 아이템들을 제공한다. 하물며 컴퓨터도 해내는데 나 자신이 내가 무엇을 좋아하는지 기연가미연가한다면 슬픈 일이다.

나만의 그 무엇이 사라져가는 세상, 나만의 것을 붙잡아야 승리한다.

불편하면 삭제하라?

불편하면 삭제하라? 요즘 캔슬 문화를 보며 빠지는 함정이다.

일례로 요즘 미국 대학가에서는 불편한 개념을 가진 강사의 방문 시 그 대학의 학생들이 소동을 피운다거나 데모를 함으로써 그 강사를 원천 차단하는 트렌드가 있다. 때로는 경찰이 출동하는 경우도 있다는 뉴스 보도다.

이런 경우도 보았다. 소규모 가게를 운영하는 40대 후반 여성의 이야기다. 어느 날 아침 그녀는 3년을 함께 일한 직원으로부터 느닷없이 더 이상 안 나오겠다는 통보를 받았다고 한다. 그뿐 아니라 가까운 곳에 가게를 연다는 말도 했다고 한다. 간단히 말해서 배반이다. 어제까지만 해도 전혀 낌새가 없었음은 물론이다.

남의 말 같지 않아 "얼마나 힘들고 마음이 상하세요?"라고 물었을 때 그의 응답이 더욱 놀라웠다. "마음 안 아프면 돼요." 완벽하게 방금 자신에게 일어난 일을 삭제한 것이다.

많은 이들이 문제를 해결하는 처방전으로 '간단히 생각하라'는 말을 한다. 띄엄띄엄 듣고 적당히 보는 것이 건강에는 좋겠지만, 나로서는 이것이 그리 쉽지 않다.

즐겁게 살기

매일 즐거운 일들로 가득 차서가 아닌 즐거운 마음가짐이 있어 즐겁게 살아갈 수 있어야 한다. 잠언의 말씀도 이를 뒷받침한다.

"사람의 심령은 그의 병을 능히 이기려니와 심령이 상하면 그것을 누가 일으키겠느냐?"잠 18:14

믿는 이로서 가장 영롱한 삶이라 함은 하나님의 종으로 쓰임 받는 삶일 것이다.

주님과 동행하는 삶, 성령으로부터 위안을 받는 삶, 주님의 거룩함이 담긴 삶 등등 객관적으로는 전혀 마음에 다가오지 않는 불편한 개념들이다.

그러나 이런 삶을 은혜로 살게 되는 경우 자연적으로 기쁨이 따라오게 된다.

인간이 누릴 수 있는 '즐거움'의 스펙트럼은 하늘에 있는 별들의 영롱함같이 셀 수 없겠으나 즐거움의 원점은 위안 받는 영, 해방됨, 자유, 사랑함 등이 아닌지.

'즐겁게 살자' 속에서 영롱함이 빛나기를 기원한다.

인기 절정의 사회 정의

요즘 부쩍 뜨는 단어, 사회 정의다.

"가난한 사람들에게 공의를 베풀고, 약자의 권리를 지키며, '봉사활동' 등으로 선의를 베푼다. 인간은 동등하다." 대략 이런 의미라고 할 수 있다. 이 훌륭한 개념은 인간으로서의 기본이어서 예수님의 말씀과 바울의 가르침이 이와 상통한다. 말씀에 적힌 바 사회적 공의가 사회에 득이 된다는 것은 거론의 여지가 없다.

차이점은 결과의 뉘앙스다. 성경에서의 공의란 사랑을 나눔이요, 하나님께 긍휼을 얻음이요, 하나님의 은혜다. 하나님으로부터 주어지는 은혜를 체험할 뿐이니 하나님께 영광을 돌릴 뿐 '내 공로'는 전혀 없다.

하지만 인간 사회의 사회 정의는 남이 봐도 단번에 '내 공로'의 인식과 인정을 받는다. 나 자신을 들여다보아도 '꽤 괜찮은 사람'으로 느껴진다. 보람 있는 삶을 사는 만족감도 느낀다. 선한 사람으로 인정받는다. 이보다 더 좋은 게 어디에 있으랴. 한마디로 복지국가를 불러온다.

한 가지 염두에 둘 것은, 주님의 말씀은 말씀대로 희석됨 없이 교회 안에서 건재하여 뿌리가 군건한 그분의 가르침이 사회의 웰빙을 위해 힘차게 뻗어나갔으면 하는 바람이다.

당연지사 아냐?

눈 깜박할 사이에 어제의 터부가 오늘의 당연지사가 된다. 그 누구나 응당 눈을 찌푸릴 일이던 것이 오늘날엔 당연지사로 여겨진다.

최근 투숙한 어느 호텔 방에서 옆방의 개 짖는 소리에 잠을 깼다. 이 제는 개도 주인과 함께 호텔에서 묵는다. 꽤 이름 있고 유서 깊은 호텔 인데 애견가들의 로비 활동으로 굴복했나 보다.

호텔에 체크인하면 전 투숙인이 사람이었을까 개였을까 하는 생각 이 든다.

세계적으로 엄청나게 팔리는 청바지! 그중에서 일부러 찢어서 파는 청바지가 많다. 여성용, 특히 10대에서 30대용 하이패션 용품은 바지를 심하게 여러 군데 찢어놓았다. 어떤 것은 너무 아슬아슬해서 우리 딸들 이 안 입었으면 좋겠다. 누가 저런 옷을 돈 주고 살까 하지만, 그들은 내 게 "너나 잘 하세요"라고 할 것이다.

한 가지 더. 커피숍에 마주 앉은 두 사람이 묵묵히 각자의 핸드폰을 들여다보며 앉아 있는 광경도 이제는 당연지사다. 전혀 이상하지 않다.

새록새록 우리를 놀라게 하는 당연지사들이 늘어가기만 하니 거기 에 적응은 필연이다.

실버라인

한평생 살면서 그 누구에게나 지금까지와는 매우 다른 새로운 삶을 맞이하는 때가 있다. 하다못해 30년 살던 집을 팔고 새로운 곳으로 이사하면 그것도 새로운 삶이다. 횡재를 맞아 형편이 확 펴는 뉴 라이프도 있고, 반대로 병마나 파산으로 닥쳐온 뉴 라이프도 있다.

혹은 독립해 부모를 떠난 생활이 시작될 때, 결혼생활을 시작할 때 또는 이혼 후 다시 독신 생활을 시작하는 경우도 뉴 라이프라 하겠다. 일단 힘이 생기는 이름 아닌가, 뉴 라이프!

불행한 상황이 왔을 때 그것이 세상의 끝인 것처럼 다운된 태도는 도움이 안 되는 자세인 줄 뻔히 알면서도 꼼짝할 수 없는 때가 많다. 가혹한 현실마저도 밤낮이 뒤바뀐 뉴 라이프, 말 그대로이다.

영어에는 실버라인(silverline)이라는 단어가 있다. 실버라인은 거대한 먹구름 덩어리의 테두리에 은빛의 라인이 생기는 현상을 말하는데 비관적인 상황에서 희망을 발견한다는 관용적인 의미를 지닌다. 즉, 보이지는 않지만 먹구름 너머의 태양을 바라보는 것을 말한다.

좋은 변화든 나쁜 변화든 뉴 라이프는 '주님 안에서의 새 삶'의 시작이다. 안 좋은 상황에서도 우리는 그 뒤에 숨겨진 빛을 볼 수 있어야 한다.

새로운 삶은 나의 영이 그동안 무엇을 갈구해왔나 고민도 해보며 그것을 향한 능동적인 첫걸음을 딛게도 한다. 어둠을 비추는 빛으로 안 보이던 것이 보이게 된다.

삶의 정답

인생에서 정답이라는 것들은 대개 인정머리가 없다. 성급한 듯하면서 그럴듯하기만 하다. "너나 잘 하세요" 하고 등을 돌리고 싶다.

그나마도 정답은 있을 때보다 없을 때가 더 많다. 의로운 사람이 고난을 받고, 악인이 승리하는 모습을 보면 더욱 그렇다.

하나님께 "어찌하여 거짓된 자들을 방관하시며 악인이 자기보다 의로운 사람을 삼키는데도 잠잠하시나이까?"합 1:13 하고 덤빌 수도 없다.

성경에 따르면 하나님께서는 악을 허용하시고(가인과 아벨의 경우) 죄를 짓게 하시지만 그 죄를 향한 인내심이 크시다.

인간은 그분의 인내심을 악용하는 것인가? 인간의 사악함은 너무도 멀리 가고 있다.

이 세상을 하나의 문에 비유한다면 지금 이 문에는 돌쩌귀가 빠져 있다. 양심이나 이성보다는 욕망이 나를 지배한다.

정답이란 열쇠로 열어 빼내는 것이 아니라, 쉬지 않고 기도하는 중 '듣는 귀'와 '보는 눈'이 드러나는 신성한 과정이리라. 각자의 정답이 다를 것이요, 하나의 정답이 모든 사람의 정답이 될 수는 없으리라.

돈아 제발 좀 빠져다오

"제발 좀 끼어들지 말아다오. 니가 사달이다."

내가 지금 무슨 말을 했나. 진심인가? 그래도 한번 외쳐보고 싶다. 한 번 소리치고 싶다. 그냥이라도 한번쯤은 당당하고 싶다. 형제 사이도 부모자식 관계도 돈이 끼면 사달이 나기 때문이다.

돈이 아니라 믿음이 있어야 우리는 하나님을 기쁘게 할 수 있다히 11:6. 그리고 바라는 것의 실상도 돈이 아니라 믿음이다히 11:1.

정말로 하나님을 기쁘게 해드리고 싶다는 마음은 많은 사람의 기원 이리라.

"너 잘해봐. 난 빠질게." 돈이 나에게 이렇게 말한다면 이것도 큰 문제다. 하지만 이 같은 말을 하나님이 내게 하신다면 이건 세상이 끝날 일이다. 돈도 중요하지만 단연코 돈이 하나님을 앞설 수는 없다.

사실 돈이 훼방꾼일 때가 더 많으리라. 특히 돈은 돈으로는 살 수 없 는 것들을 빼앗아간다. 돈으로 신분은 상승시킬 수 있어도 그 사람의 인격을 높일 수는 없다.

돈이 많거나 적거나 "즐겁게 소리칠 줄 아는 백성은 복이 있나니 여 호와여 그들이 주의 얼굴빛 안에서 다니리로다."시 89:15

그냥

세상의 어떤 것은 좀 '그냥'이면 좋겠다. 그냥이 점점 사라진다.

친구가 "왜 전화했어?" 하면 "어~그냥" 이런 시대를 꿈꾸면 안 되나.

그냥인 얼굴도 좋고 옷차림도 무심한 듯한 그냥이 좋다. 다시 기본으로 돌아가는 게 좋을 듯하다.

왜 그냥인 것들은 요즘 세상에선 빛을 못 보게 되었을까.

시금치가 그냥 시금치로서, 도미가 그냥 도미로서 존재할 수 있게 나는 좀 빠져도 될 터다.

지난번 켄터키더비 경마방송에서 1등을 한 기수의 말이 인상 깊다.

"그날의 우승은 말이 나에게 뭐라 말하는지 잘 듣고 나는 빠져준 것이 주효했다."

모든 것에 찬란한 노하우가 들어가기 전 꾸밈없이 심플하게 사는 것도 하나의 방법이겠다.

흉내 내기

"나는 천재가 아니라 천재를 흉내 내는 보통 사람입니다."

어느 천재 과학자의 인터뷰 내용이다. 이 과학자는 아기 때 입양되었다고 한다. 그의 양아버지는 천재 과학자였는데, 양아버지를 무척 사랑했던 그는 그저 아버지를 흉내 냈을 뿐인데 똑같이 천재적인 과학자가 되었다는 것이다.

"그 이름을 믿는 자들에게는 하나님의 자녀가 되는 권세를 주셨으니." 요 1:12

하나님의 양자 된 우리도 하나님을 사랑하는 자녀로서 그분을 흉내 내며 살아갈 수 있다. 주님을 지극히 사랑하므로 그분을 흉내 내며 살아가는 것, 이것이 그리스도 안에서 올바른 삶의 여정이 아니겠는가!

"서로 친절하게 하며 불쌍히 여기며 서로 용서하기를 하나님이 그리스도 안에서 너희를 용서하심과 같이 하라." 엡 4:32

엄마, 온 세상을 다 가졌어요?

왜 나는 나 자신을 받아들이지 못하나. 내가 나 자신에게 "너는 내 거야"라고 말하지 못한다면 나는 누구의 것인가. 내가 나를 끌어안지 못한다면 누가 나를 안아줄 것인가. 내가 나를 사랑하지 못한다면 누가 나를 사랑할까.

부모가 제 자신을 사랑하면 그 자식도 스스로를 사랑할 줄 알게 된다.

사회생활에서 자기 자신과의 관계가 편안한 사람은 금방 보인다. 참 보기 좋다. 편안하고 무리가 없다.

20년이 넘는 이야기다. 46년 동안 나는 나 자신과 매우 불편한 관계로 살아왔다. 인생의 3분의 2를 그리 산 셈이다. 남이 봐도 나는 참 재미없는 사람이었겠다 싶다. 나는 내가 싫었다. 이유는 많다. 첫 번째 이유가 '나는 효도도 못 하고'로 시작해서 마지막은 '나는 실패작이다'로 끝을 맺는다.

그러던 어느 날 '나를 지으신 분은 하나님이시다'라는 마음의 감동이 왔다. 하나님이 나를 귀하게 지으셨는데, 내가 나를 싫어하다니…….

내가 그 평범한 사실을 몰랐다는 말인가.

"내가 그들을 가르치되 끊임없이 가르쳤는데도 그들이 교훈을 듣지 아니하며 받지 아니하고." 렘 32:33

이후 나의 삶은 변했다. 어느 겨울, 영하 25도 바람 부는 날, 고등학교 2학년이던 아들과 점심을 먹고 문을 밀며 나오는데 아들이 난데없이 등 뒤에서 소리쳤다.

"엄마! 온 세상 다 가졌어요?"

내 뒷모습이 그리도 당당하고 확신에 찬 모습이었나? 잊을 수 없다.

"네가 나와 사랑 관계를 맺고 있다면 세상 모든 걸 소유한 것이다."

언젠가 읽은 기억이 난다.

"맞습니다"라고 응답한다.

양심이라는 법정에 서서

인간은 자주 '양심'이라는 법정에 선다. 무척 강력한 법정이어서 이 판결에 따라 생각이 결정되고, 힘이 빠지기도 하고 솟기도 한다.

하나님을 향한 양심과 나 자신을 향한 양심은 믿음 생활을 통해 만들어진다.

삶으로 살아내야 할 진리가 너무나 고통스러울 때 양심은 무어라고 타이를까? 옳다고만 주장하는 양심보다 주님의 의를 구하는 것이 믿는 이의 양심이다. 때로는 '옳음'이 극복해야 할 장애물일 수도 있다.

"사랑하는 자들아 만일 우리 마음이 우리를 책망할 것이 없으면 하나님 앞에서 담대함을 얻고." 요일 3:21

담대함을 얻었음에도 양심이 계속해서 나를 정죄한다면, 이 정죄로부터 자유로워지고 싶다면 주님의 발꿈치를 놓지 않아야 한다. 반드시 주님의 축복을 받아서 신뢰의 마음을 얻어야 하리라. 그때에 온전한 의뢰, 소생, 회복, 환원으로의 길이 갈라진 홍해처럼 열릴 것이다.

"내가 높고 거룩한 곳에 있으며 또한 통회하고 마음이 겸손한 자와 함께 있나니 이는 겸손한 자의 영을 소생시키며 통회하는 자의 마음을 소생시키려 함이라." 사 57:15

웃음 잔치

마음의 웃음 잔치는 조용하다. 계절이 오고 또 가도 맑은 물이 괴고 또 괴는 샘터와도 같다.

맑다. 어디서 물줄기가 오는가. 크게 따지거나 근심함이 별로 없다.

이 조용한 마음의 웃음 잔치는 큰 힘이 있어 얼굴에도 나타나고 가벼운 걸음걸이에서도 보인다. 힘이 넘친다.

감사함이 그것의 엔진! 원통, 후회, 근심, 아픔으로 가득 찬 삶이지만 아침에 눈뜰 수 있는 게 감사하면 하루 종일 감사하다.

시각이 생긴다. 그 누구나 할 수 있는 잔치여서 대부분의 잔치가 그러하듯 빡빡한 곳에 기름을 친다. 흐느낌을 딛고 일어선 기쁨이다.

신성한 기쁨. 마음속 깊은 곳에서 우러나오는 음성이 있는 듯.

청각이 생긴다. 웃음 잔치가 우리 삶에 어처구니가 된다면 그 맷돌에서는 희망과 사랑이 흐르리라. 우리를 개조한다. 기적을 낳는다.

내일 해는 오늘 뜨지 않는다

어떻게 말을 하면 내일 일을 오늘 걱정하지 않게 될까. 우리의 한평생 숙제다. 내일 뚜껑은 내일 열라고 말을 할까, 아니면 앞서 가지 말라, 또는 하나님이 말씀하신 대로 '내일 먹을 것은 내일 염려하라'고 말을 할까.

그럼 내일을 근심 걱정한다 함은 기다릴 줄을 모르기에 나타나는 현상인가. "내일을 자랑하지도 걱정하지도 말라" 하신다. 오늘 해는 오늘 뜨며, 내일 해는 내일 뜬다는 사실은 꽃들도, 새들도 알 것이다마 6:25~34.

사람이 꽃들과 새들과 함께 학교를 다니며 배울 수 있으면 좋겠다. 새와 꽃들은 하나님이 입히시고 하나님이 먹이심으로 걱정 근심이 없다.

내일 일을 오늘 애타게 노심초사하는 것은 기다리지 못하고 홀로 상상으로 내일로 뛰어가 있다 함이겠다. 습관이다!

"여호와는 의로우사 불의를 행하지 아니하시고 아침마다 빠짐없이 자기의 공의를 비추시거늘……"습 3:5

우리를 지키시는 주님이 한평생 고문이나 다름없는 걱정 속에 살고 있는 우리에게 하시는 말씀이다.

스스로 당하는 이 고문은 우리가 붙들고 사는 '주 안에서 기뻐함'을 산산이 분해시킨다. 우리의 기쁨을 방해하는 것이 근심이다. 이 근심은 절대로 신용할 수 있는 것이 아니다.

'현재의 삶'만 붙들며 사는 것만도 충분히 벅찬 세상이련만.

세상 돌아가는 꼴

걱정을 안 할 수가 없다. 무서울 정도의 사회적 혼란은 물론 세계 어느 나라에서 터질지 모르는 괴변! 각계각층 다방면의 현실이 정상을 떠난 상태로 양 끝으로 달려가고 있는 느낌이다.

그래서인가. 수많은 종교적 세상 말세의 음모론들이 소셜미디어뿐만 아니라 음모설을 좋아하는 이들을 사로잡는다.

이러한 음모론은 종이에 물 엎질러진 것같이 퍼져 소셜미디어를 덮는다. 일상생활 자체에서 안정감이 없을 경우 딸려오는 자연현상이겠다. 대표적인 예가 9·11 음모론과 코로나 바이러스 음모론이겠다. 다음세대가 물려받을 세상이 심히 염려스럽다.

'내일을 걱정하지 말라'는 글을 쓰면서도 내일은 고사하고 10년 20년 후의 일을 걱정하고 있는 셈이지만, 스스로 자아내는 쓸모없는 걱정이라기보다는 미래를 위한 예비 차원에서의 염려라고 해두자.

하나님의 대명사 중 하나가 그분의 속성을 드러내는 '예비하시는 하나님'이다. 그 뜻을 곰곰이 생각해보면 장래에 다가올 사태를 미리 예상하고 그에 적당한 영적 준비태세를 취하며 방도를 강구하라는 의미겠다.

한 입으로 두 말 하시는 주님이 아니다. 고난을 우려하고 걱정하지 않는 자가 있겠는가. 그러다 보면 걱정, 근심, 의심, 분노, 애통, 상처 들이 한 족속이 되어 밀려온다.

이런 세상을 견디려면 믿는 구석 하나는 갖추고 있어야겠다. 전쟁이 따로 없으니 말이다.

고난과 고통마저도 하나님께서 크게 쓰시어 선을 이루시는 한 예가 창세기 마지막에 있다.

"당신들은 나를 해하려 하였으나 하나님은 그것을 선으로 바꾸사 오늘과 같이 많은 백성의 생명을 구원하게 하시려 하셨나니." 창 50:20

갖은 험한 고난을 극복한 요셉의 말이다.

이를 행하라 그러면 살리라

왠지 가슴이 철렁하며 섬뜩하다. 누가복음 10장 27절은 구약 신명기로부터 시작하여 신약에도 여러 번 기록되어 널리 알려진 핵심 구절이다. "네 마음을 다하며 목숨을 다하며 힘을 다하며 뜻을 다하여 주 너의 하나님을 사랑하고 또한 네 이웃을 네 자신 같이 사랑하라."

신명기, 마태복음, 마가복음 등 여러 번 반복되어 나오는 표현인데 유독 누가복음에서는 "예수께서 이르시되 네 대답이 옳도다 이를 행하라 그러면 살리라" 눅 10:28라고 강렬한 말로 맺는다.

쉽게 듣고 넘기는 평범함, 특히 이웃 사랑은 누구나 실천하려는 개론이다. 그러나 이것이야말로 우리의 골수에 박힐 만한 중요한 사항이기에 "손목에 매고 미간에 붙여 표로 삼고 문설주와 바깥문에 기록하라" 하신다.

이스라엘 백성에게 죽고 사는 문제보다 더 중요하다는 이 구절에 십계명이 모두 녹아 있다.

'하나님 사랑'과 '이웃 사랑'의 두 계명을 지키려고 힘쓸 때 십계명의 나머지가 덤으로 딸려온다 해도 과언이 아니다.

이리도 평범한, 초보적인 말씀 '사랑하라'와 '이걸 행하면 산다' 함이 나에게는 왜 가슴이 철렁하게 다가올까. 지금까지 나 자신이 하지 않은 걸 말씀하시니 찔리나 보다.

순종이요 사랑인 이 두 가지를 행할 수 있도록 도와달라고 기도한다. 마태복음은 이 구절 끝에 이렇게 말한다.

"이것이 크고 첫째 되는 계명이요. 둘째도 그와 같으니 이 두 계명이 온 율법의 …… 강령이니라."마 22:38~40

영감inspiration

베토벤 모차르트는 떠오르는 영감으로 그 기막힌 곡들을 썼다.

그만큼은 아니더라도 누구에게나 영감은 있다.

영감은 우리의 영에 흔적을 남기고, 그 흔적은 우리가 모르는 사이 차곡차곡 쌓여 그 사람을 완성해간다. 얼굴에 나타나고, 걸음걸이를 만들어준다.

자라나는 우리 아이들이 엄마아빠의 그런 후광을 보며 '우리 괜찮아' 하는 안정감을 느끼게 한다.

하나님과의 순수한 대화에서 오는 영감이 있다.

진심을 다하여 그분을 알고 싶은 마음, 그분과의 사랑의 관계를 소망하는 과정에서 내려지는 기적이라 하겠다.

웅장하고 화려한 솔로몬의 성전에서 이뤄지는 영감도 있고,

보잘것없는 말구유에서 이뤄지는 영감도 있다.

아무리 영감의 순간을 놓쳐서 '그게 뭐더라' 하더라도

우리의 영은 기억 못하는 영감을 머금는다.

성경 말씀 사모함이 주는 영감은 그런 힘이 있다.

오늘 지금의 일상생활에 가까이 연관성이 있는 영감의 소리를 들

려준다.

영감의 속성 또한 특이하다.

영감이 쓰이는 곳이 물론 나의 내부이기도 하지만, 때로는 하나님의 뜻에 따라 나 자신이 알지 못하는 곳에 쓰여 남에게 이득이 된다.

모두가 주 하나님의 뜻이다.

한눈팔지 않고 하나님께 집중하기

우리는 어려서부터 성인이 되어서까지 "한눈팔지 마세요. 집중하세요"라는 말을 종종 듣곤 한다.

나 역시 유치원 시절부터 지금까지 수없이 많이 들어온 말이다. 한눈파는 게 안 좋은 줄 알면서 왜 하루에도 몇 번씩 한눈을 팔까? 조깅하며 한눈팔고, 길 가며 한눈팔고, 운전하며 한눈팔고…….

성경 말씀에 딱히 "한눈팔지 말라"라는 말은 없다. 하지만 하나님 말씀에 청종하고, 똑똑히 보며 살라는 말씀은 셀 수 없을 정도다.

"나 여호와에게서 다른 데로 눈을 돌리지 말라."

"네 여호와인 나의 말에 귀 기울일지어다."

하나님은 수도 없이 백성들에게 말씀하신다. 이스라엘 백성이 한 달이면 갈 수 있는 가나안을 40년이나 걸려서 도달한 것도 하나님께 집중하지 못하고, 한눈을 팔았기 때문이다.

하나님께 집중하면 하나님이 가장 기뻐하시는 순종의 열매를 거두게 된다. 그리고 하나님을 두려워하는 마음이 생긴다.

다른 데 한눈팔지 않고 하나님께 집중하기. 너무나 간단한 이 지혜를 실천하기는 하늘에 별 따기처럼 어렵다.

5
—
가나안의 주인공들에게

희 망 의   이 유

어디에 음을 맞추어야 하는가?

교향악단의 연주가 시작되기 전에 반드시 하는 빠짐없는 작업. 수많은 악기들이 피아노 한 음에 맞추어 조이고 늦추며 음을 조율한다.

저토록 정확하게 음을 맞추어야 음악이 나오나 싶을 정도로 매번 '되풀이'한다.

매일매일의 삶의 전쟁터에서 터지고 깨지고 끊어지고 부딪히고 휩쓸리는 우리는 말씀에 음을 맞춘다. 어제 맞춘 음을 매일 아침 새롭게 다시 맞춘다. 말씀에 의존한 기도와 찬양함의 음을 맞추는 하루하루. 거의 레이저를 쏘아 대상을 맞히고 채널을 맞추듯 하는 습관을 기르는 것도 좋겠다.

특히 우리 아이들은 걷잡을 수 없이 많은 정보 속을 가로지른다. 그들이 매일 새로이 음을 맞출 수 있도록 그 어떤 '한 음'을 들려주자. 그러한 안정된 습관을 길러주자.

가나안의 여명

여명의 신비롭고 웅장한 모습은 때로는 해 지는 석양과 흡사하다. 100명의 오케스트라도, 300명의 코러스단도 표현할 수 없는 아름다움이다.

마치 하늘이 요술부리듯 동으로부터 뻗어나가는 기둥 같은 붉은 구름! 아, 이것이 성경에 나오는 불기둥일까. 이스라엘 백성을 인도했다는 불기둥은 밤에 솟아올랐으니, 혹시 새벽에도 조금 남아 있는 걸까. 과학적으로 근거 없는 상상을 해본다.

요즘 세상은 새로운 시대의 여명을 보는 듯하다. 우리의 다음 세대 또 그다음 세대가 물려받을 가나안이다. 모세가 가나안 땅을 멀리서만 바라보았던 것처럼 나의 세대가 가나안에 발을 디딜 일은 없을 것이다.

모세는 젖과 꿀이 흐르는 가나안 땅에 들어가서 "옛날을 기억하라"신 32:7고 말했다. 이스라엘 백성의 수백 년간의 노예 생활, 40년간의 고난과 우상 숭배의 시절을 기억하라는 것일까? 세상살이 그 자체가 주를 향한 불순종을 야기하고 있는데, 진흙탕 물을 뒤집어쓰는 곳이련만 그 시절을 기억하라는 것은 무슨 의미일까?

"너희가 들어가서 그 땅을 차지할지라"라는 언약에도 불구하고 이스라엘 백성들은 계속 적들을 물리치는 전쟁을 치러야 했다. 그뿐인가. 가장 중요하게 지켜야 할 언약을 위한 영적 전쟁 또한 그들만의 힘으로는 불가능한 일이었다. 즉, 옛날 일을 기억하라는 말은 "너희는 다른 신들 곧 네 사면에 있는 백성의 신들을 따르지 말라"신 6:14는 말씀, 우상 숭배를 배척하라는 소리다.

"옛날을 기억하라." 그들이 들고 온 등불을 다음 세대에 넘겨야 할 때의 말이다. 40년간 광야 생활에서 이스라엘 백성들이 앞으로 나아가는 것은 일종의 전쟁이었다. 전쟁을 겪어본 세대는 클릭 하나로 많은 걸 해결할 수 있는 젊은이들과는 다르지만, 그들이야말로 눈앞에 펼쳐진 가나안을 평생토록 일궈내야 할 주인공들이다.

현대를 살아가고 있는 우리 자신이 이스라엘 백성임을 기억해야 한다. "너희는 다른 신들 곧 네 사면에 있는 백성의 신들을 따르지 말라." 역사를 정확히 알라. 옛날을 기억하라.

우리가 이러한 주님의 말씀에 순종할 수 있을 때 다음 세대들이 비로소 새로운 노래를 쓰고 새로운 노래를 부르리라.

치우치지 말라

너무 빨리, 너무 멀리 양극단으로 달려가고 있다. 이를 두 자로 표현하면 '분열'이다. 요즘 세상을 보며 드는 생각이다.

과속이다. 너무 빨리 양극으로 가버리니 어제의 비정상이 오늘의 뉴노멀(new normal)이 된다. 뜻있는 사회인이 등장해 간극을 조금이라도 좁혀 중간으로 돌아오게 함을 기원한다.

이제는 무엇을 숙고하거나 묵상한다는 것이 옛날 일인 듯하다. 생각한다는 것 자체가 개인의 느낌이나 감각에 쉽게 밀려나간다. 자라나는 우리 어린이들에게 '무언가를 곰곰이 생각하는 자세'를 길러주어야 한다. 그 가르침이 간극을 좁히는 시작점이 될 것이다.

우선 뿌리가 깊어야겠다. 각 개인이 일궈낸 신념과 인내심이 로또임을 알았으면 한다. 스마트폰으로 검색한 짧은 지식이 우리의 인스턴트 생각으로 둔갑한다. 지식의 상아탑이라는 대학가의 강의실마저도 양극단의 토론이 되는 듯하다.

그렇다면 훗날 역사가들은 이 시대를 어떻게 쓸 것인가. 사람이 다른 행성으로 탐사 여행 떠나는 건 일도 아니었던 세대라 할까? 양극으로 달려간 분열의 세대라 할까? 물론 인류의 역사가 75억 6,000만 명으로 추정되는 인간들에게만 달린 것은 아니다.

언제 어디서 터질지 모르는 자연 재해. 600만 명의 유대인이 학살된 홀로코스트와 같은 괴변, 인간의 죄악, 인간의 발명품들. 이러한 어마어마한 가파른 흐름 속에서 역사는 흘러간다.

그리고 그 역사는 하나님이 쓰신다.

"오직 강하고 극히 담대하여 나의 종 모세가 네게 명령한 그 율법을 다 지켜 행하고 우로나 좌로나 치우치지 말라 그리하면 어디로 가든지 형통하리니." 수 1:7

해 같은 얼굴

아이들을 뒷좌석에 앉히고 운전대를 잡는다.

백미러는 아이들을 볼 수 있게 고정되어 있고

아이들도 그 속에서 엄마 얼굴을 본다.

빨간 신호에서 문득 바라보게 된 백미러 속 내 얼굴.

'이게 내 얼굴?'

무표정에 경직된, 기쁨은 보이지 않는 얼굴이다.

우리 아이들이 매일 보는 엄마 얼굴일 텐데…….

정신이 퍼뜩 들었다. 감사한 깨달음이다.

세상 속에 걸어 다니는 사람들의 얼굴이 해와 같은 모습이라면 어떨까?

특히 엄마 아빠들의 얼굴이 조그만 해와 같다면.

아, 상상만 해도 좋은 일이다.

믿음의 시선으로

"그 사람 딴 사람 됐어!"

주변에서 가끔 듣는 이야기다. 복잡하게 생각할 것 없이 아무튼 좋은 쪽으로 변했다는 뜻일 거다.

이를 두고 많은 말들이 난무한다. "사람 안 변한다는데 희한하네", "얼마나 가는지 두고 봐야지"라는 식의 말들도 붙는다. '혹시나'가 '역시나'로 변하는 것을 많이 보면서 비판의 눈초리가 몸에 밴 듯하다.

사람이 변한다는 것은 인생 대사 중 하나다. 아내로서, 남편으로서, 부모로서, 자녀로서, 인도자로서 등등 사람 구실 제대로 할 수 있도록 환원됨을, 회복됨을, 치유됨을 의미하므로 이는 분명 축하하고 지지해 줄 만한 일이다.

변해가는 과정 또한 혼자 힘으로는 어려운 과제다. 거의 '초자연적 힘'의 임재(臨在)가 절실히 요구된다.

그러므로 누군가의 변화를 목격한다면 의심치 말고 믿음의 시선으로 바라봐줘야 한다. 격려를 아끼지 말아야 한다.

생각하는 습관

"명철한 사람의 입의 말은 깊은 물과 같고 지혜의 샘은 솟구쳐 흐르는 내와 같으니라." 잠 18:4

아이들이 좋아하는 떡볶이에서도 깊은 맛은 날 수 있다. 하물며 사람이랴. 사람에게서 우러나는 깊은 맛은 그 어느 맛보다 귀하고 향기롭다.

풍비박산을 겪으며 굴러가고 있는 이 세상, 우리 아이들은 어떻게 살아가야 할까.

비바람 속에서도 꿈적 않는 최첨단 하이테크에 마구 휩쓸리지 않는 그 무엇을 길러줘야 한다. 그들이 스스로 생각할 수 있는 기틀과 겨를을 마련해줘야 한다.

눈 깜짝할 사이 주어지는 정보의 눈사태 속에서 아이들이 마음을 바로잡고 생각을 정리할 수 있도록 도와야겠다.

성경에서 '마음'이란 감정, 명철, 분별, 묵상, 의지라고 한다. 묵상! 아, 언제 들어본 말인가. 옛날 옛적이던가. 묵상은 이들 다섯 가지 중 5퍼센트나 될까?

우리 아이들이 대중교통을 이용할 때만이라도 핸드폰을 들여다보는 대신 눈감고 묵상을 했으면 한다. 오지랖이라 할지 몰라도 그들이 무엇인가 깊이 생각하는 습관을 포기하지 않았으면 하는 바람이다.

"모든 지킬 만한 것 중에 더욱 네 마음을 지키라 생명의 근원이 이에서 남이니라." 잠 4:23

하얀 코끼리를 보라

'볼 수만 있다면 얼마나 좋을까', '들을 수만 있다면⋯⋯.'

시각이나 청각에 장애가 있는 사람들은 단 한 번이라도 볼 수 있다면, 혹은 들을 수 있다면 얼마나 좋을까 하는 소망을 갖고 살아간다.

그러나 정작 보고 듣는 데 아무 문제가 없는 많은 비장애인들이 눈을 감고, 귀를 막고 살아가는 모습을 보게 된다. 보고 싶은 것만 보고, 듣고 싶은 것만 듣겠다는 것이다.

이게 실제로 가능할까? 듣고 싶은 것을 골라내려면 일단 들어야만 할 텐데, 결과적으로 "목욕물 버리다가 아기까지 버린다"는 말이다.

구약 전체를 통해서 하나님이 이스라엘 백성들에게, 다시 말해 우리에게 강조하신 걸 요약해보면 그중 으뜸이 "들어라", "청종하라"일 것이다. 왜 그걸 거부할까? 나 자신에게도 물어본다.

서양 속담 가운데 "안방 한가운데 하얀 코끼리가 있어요!"라는 말이 있다. 어떤 이들에게는 뻔히 보이는데 본인은 못 보는 것이다.

그럼 누가 볼까?

자라나는 어린이가 본다.

오로지 표현하지 못할 뿐이다.

그렇다면 우리의 역할은 이 아이들이 커가면서도 계속해서 마음으로 보고 들을 수 있도록 기도하는 것이다.

하나님의 시작점은 어디인가

하나님이 우리 속에서 선한 일을 시작하실 때 그분은 당신의 뜻에 맞도록 몇 번이고 가봉하신다. 맞춤을 위한 가봉이다.

사람의 태생 자체가 안 보이는 곳, 즉 "주께서 내 내장을 지으시며 나의 모태에서 나를 만드셨나이다"시 139:13 하였듯이 그의 뜻에 맞추기 위한 거듭되는 가봉도 나의 내장이 있는 나의 속에서, 또 나의 영에서 이루어진다.

시편 139편에서 "내 형질이 이루어지기 전에 주의 눈이 보셨으며16절", "나의 모든 길과 내가 눕는 것을 살펴보셨으므로 나의 모든 행위를 익히 아시오니3절", "이 지식이 내게 너무 기이하니 높아서 내가 능히 미치지 못하나이다6절"라는 고백은 기정사실이겠다.

하나님의 사람 다윗마저도 "알지 못하나이다"라고 고백한다.

하나님은 우리에게 이런 분이시다. 속속들이라는 말로는 부족하게 우리를 아시는 분. 각 개인의 노력을 가상히 여기사 길이 아닌 곳으로 빠지고 싶은 유혹, 나른함, 좌절감을 무찌르게 하시며 온전히 그분의 능력으로 자발성과 준비태세의 능력을 우리에게 주시는 하나님이시다.

"너희 안에서 행하시는 이는 하나님이시니 자기의 기쁘신 뜻을 위하여 너희에게 소원을 두고 행하게 하시나니." 빌 2:13

자식 농사에 전념하시는 부모님께 드리고 싶은 구절이다. 아이들 마음에 들어오는 모든 생각과 바람 전부를 시작점부터 하나님께 의뢰한다.

우리 아이들이 힘들게 노력하는 곳에 늘 활기찬 깨우침 주소서.

그들의 의지와 바람이 행동으로 옮겨질 때 하나님 은혜 함께하소서. 아멘.

어느 정도의 두려움은 보약이다

어느 정도의 두려움은 보약이다. 이 두려움이 행동반경에 선을 긋기 때문이다. 응징을 두려워하는 일말의 양심이라 할까.

성경에 모든 지식, 지혜의 원천은 '하나님을 두려워하는 마음'이라 했다. 잠언에서 되풀이되는 이 구절은 아리송하지만 명확한 교훈이다.

특히 자라나는 아이들에게 옳고 그릇됨을 가르칠 때 유혹을 좇아가면 그 결과마저 감수해야 한다는 원리를 가르칠 필요가 있다. 그곳이 길이 아닐 수 있음을 알려주어야 한다.

옳고 그름이 희미해져버린 요즘, 그러나 기억해야 할 것은 검은색과 흰색이 없으면 회색도 없다는 것이다. 회색이 시작점이 아닌데도 현대 사회는 회색부터 시작해 비판받을 우려를 줄이고 있다.

기본이 떠나가는 세상, 상식이 내쳐지는 사회를 더 붕괴되기 전에 막아야겠다. 하나님을 두려워하는 마음이 요구된다.

신념과 인내심은 로또다

'신념'과 '인내심'이 받쳐줘야 그 무엇인가를 일궈낼 수 있으리라. 100만의 하나가 로또의 확률이라면 신념과 인내의 로또는 그 100만 명 모두가 당첨될 수 있다. 아이가 자랄 때 어른들이 신념과 인내를 심어주면 이 로또 또한 기대할 수 있다.

신념과 인내심은 삶에서 승리를 일궈낸다. 더욱 굳건해지고 위상도 올라간다. 무거운 것과 얽매임과 죄를 벗어 인내로 당면한 경주를 한다. 공평하신 하나님이시다.

우리 각 개인 모두에게 실어주시는 기본 체력이 있다. 신념을 가지고 그것을 찾아내고 일궈서 마침내 빛을 보게 함이 주신 분의 뜻이요, 목적이리라.

누구에게나 목적이 있다. 하나님의 목적은 무얼까. 성경은 우리 인간의 삶 자체가 하나님 목적의 큰 부분이라고 말한다. 하나님은 우리 삶의 행복을 위해 마스터플랜을 마련하사 독생자를 우리에게 보내주신 분이다.

인간의 영을 깨우시려고 우리 속에 숨을 불어넣어 주신다.

나처럼 안 되게 하려고

"내 자식은 내가 당한 설움 당하지 않게 하려고……."

드라마 〈아버지 제가 모실게요〉에 나오는 대사다. 오랫동안 가슴에 담아왔던 내 생각들을 빠짐없이 속 시원히 해준다.

"내 자식은 나처럼만 안 되게 하면 내 인생은 성공한 거야." 같은 말을 다르게 해보자면 자식 농사 잘해서 자식이 잘 되면 그저 그렇게 살아온 내 인생이 한방에 해결된다는 것인가.

뜨거운 교육열 덕분에 반짝반짝 빛나는 한국의 아이들을 본다. 지난 70년 동안 한국의 놀라운 발전에 크게 기여한 주인공들. 세계 어느 나라에 이 같은 교육열이 있겠는가.

"이 사회에서 살아남으려면 공부밖에 없어."

아이에게 중요한 저력을 길러준다는 의미이리라. 남이 뺏어가지도 못하고 인생의 광풍에 휩쓸리지 않을 이 재산을 아이가 가진다면 부모로서 뭘 더 바라겠는가.

하지만 비뚤어진 교육열이 문제다. 답이 없다. 누가 누구를 비난하며, 옳다 그르다 하겠는가. 전쟁이다. 저마다 앞서거니 뒤서거니 비밀스러운 노하우로 키운다.

마음이 아프다. 우리 아이들이 떡가래도, 소시지도 아니고 무슨 기계도 아닌데 쑤셔넣는다고 일률적으로 빠져나오지는 않는다.

겁이 난다. 우리 아이들이 정말 괜찮은가. 꽃 같은, 물오른 나무 같은 우리 아이들.

기도한다. 굽어보소서. 아이들을 키워주소서.

놀라울 뿐이다. 받아들일 것 받아들이며 열심히 공부하는 우리 아이들을 보면 그래도 희망적이다.

어른들의 지혜 사랑 총동원하여 고민하자. 한번 우지끈하게 획기적으로 사고방식을 뒤집어 보자. 우리 아이들이 어떻게 숨 쉬고 있는지, 온라인에서 뭘 얻고 있는지, 그들이 무엇을 얼마나 포기하고 사는지, 그들이 말로 표현할 수 없는 것들이 무엇인지 고민해보자.

주를 사랑하게 하소서

하나님께서 딱 한 가지 소원만 들어주신다면, 그것은 "우리 아이들이 주를 사랑하며 살아가게 하소서"가 될 것이다. 오랫동안의 기도 끝에 응답해주신 경험이 있기에 나는 믿는다. 간절한 희망사항이다.

인간이라면 최고의 바람이 행복이다. 그런데 이 행복의 방정식에 '주 사랑함'이 있다. 주님을 사랑할 때 우리를 창조하신 그분으로 인해 행복한 삶으로 거듭날 수 있다. 복잡하게 엉킨 것들이 풀리는 것을 경험한다.

아무리 훌륭한 스펙과 노하우로 사랑이 밀려나고 있는 세상이라도 기본 중 기본은 사랑이다. 하나님이 먼저 우리를 사랑하셨기에 우리도 사랑할 수 있다.

다음 세대에 물려주지 말아야 할 것

총소리마저 풍경소리처럼 듣는 세대, 나 몰라라 방관의 천재들, 신경 끄고 사는 사람들.

세상은 이들을 '쿨'하다고 한다.

그러나 생각해볼 문제다. 이것이 정말 주님의 형상으로 지음 받은 우리의 모습일까? 우리를 위해 모욕과 억울함과 부당함을 견디시고, 채찍과 십자가의 고난까지 순종으로 감당하시고, 부활하심으로 승리하신 주님의 형상이 우리 안에 있는 걸까?

우리 안에 있는 주님의 형상을 회복해야 한다.

"주님, 이 세대의 냉담한 마음과 오만함을 용서하소서. 이것을 다음 세대에 물려주지 않게 하소서."

묵은 땅을 갈라

에덴동산에 출입금지령이 내려졌다. 서러운 것은 그 속에서 뛰놀지 못함이 아니요, 하나님과의 교제가 끊어져 버림이다. 허물없던 관계에서 허물 있는 사이가 되어버렸다.

죄명은 불순종. 억장이 무너진다. 에덴동산으로 돌아갈 희망도 박탈당하고, 그의 근원이 된 땅을 갈아야 하게 되었다창 3:23.

묵은 땅을 갈아서 새 땅을 다음 세대에게 물려주어야 한다. 스스로 할례를 행하여 마음 가죽을 베고, 여호와께 속하는 새 땅을 진리의 말씀, 성령의 검으로 갈아엎으라 하신다. 부패하고 단단한 교만의 마음가짐을 베라 하신다. 세상에서 주님께로 시선을 맞추고 은혜의 비를 맞으라 하신다.

진정성 있는 할례는 회개로 인도하고 은혜로 거룩함을 입힌다. 거룩한 기쁨이 나의 것이 된다.

"우리가 그를 힘입어 살며 기동하며 존재하느니라."행 17:28

성공적인 자식 농사를 하려면

"자식 농사만큼 힘든 농사가 또 있을까?"

온 국민이 자녀 교육에 열심이다. 그러나 문제는 아이들이 과연 행복한가 하는 것이다.

아이들은 어른들의 그릇된 열정에 오히려 병들어간다. 갈등과 편견으로 상한 아이들, 행복 중심 교육이 아니라 보상 중심 교육이 문제다.

그렇다면 어떻게 하면 이 아이들이 행복한 인생을 살아갈 수 있을까? 하나님은 그분의 영감, 사랑, 교훈으로 자라나는 아이들에게 확고한 터를 잡아주신다. 그러므로 자녀 교육은 하나님께 맡기는 것이 정답이 된다.

아이들을 양육하는 부모에게 하나님을 향한 '순수하고 기막힌 사랑'이 있을 때 자녀 교육은 자연스럽게 하나님께 맡겨진다. 이것이 첫 단추가 되면 나머지 단추들은 따라서 끼워지기 마련이다.

"네 모든 자녀는 여호와의 교훈을 받을 것이니 네 자녀에게는 큰 평안이 있을 것이며." 사 54:13

여섯 살 이전에 가르쳐야 할 것

갈고 갈아서 시퍼런 칼날을 쥐고 사는 세상, 우리 아이들이 살아남아야 하는 곳이다.

어떤 갑옷을 입히고 어떻게 무장시켜야 할까?

"마땅히 행할 길을 아이에게 가르치라." 잠 22:6

'마땅히 행할 길'을 가장 잘 배울 수 있는 나이는 몇 살일까. 여섯 살 이전이다. 여섯 살 이전에 가르친 것은 골수에 박혀 늙어서도 그것을 떠나지 않게 된다. 여섯 살 이전에는 가르치는 대로 받아들인다.

부모는 단지 자녀들이 선택할 수 있는 능력을 길러주기만 하면 된다.

"너희 자녀를 노엽게 하지 말고 오직 주의 교훈과 훈계로 양육하라."
엡 6:4

아이들 마음에 '예수님이 나를 사랑하신다'는 믿음이 확고히 자리 잡기만 하면 염려할 것이 없다.

짐을 누구에게 맡길 것인가?

"수고하고 무거운 짐 진 자들아 다 내게로 오라 내가 너희를 쉬게 하리라." 마 11:28

인간에게는 누구나 내려놓고 싶은 짐들이 있다. 그것은 죄의식일 수도 있고, 두려움이나 가난, 열등감일 수도 있다.

이러한 짐은 진리의 말씀으로 우리의 영이 치유될 때 주님께로 완전히 양도된다. 확고한 양도는 오직 믿음에 의해서만 이루어진다.

그러나 짐이 주님께 맡겨지지 않으면 그 무거운 짐들은 결국 우상을 만들어낸다. 세상의 죄악은 자기의 짐을 대신 지고 갈 짐꾼을 찾게 한다. 문제는 그 짐꾼이 아이들이라는 데 있다.

부모의 짐을 왜 아이가 져야 하는가? 내가 가지 못한 명문대를 왜 아이가 가야 하는가?

"모든 지킬 만한 것 중에 더욱 네 마음을 지키라 생명의 근원이 이에서 남이니라." 잠 4:23

생명의 근원인 마음을 지켜야 한다. 이를 위해 하나님은 마음의 할례를 베푸신다. 그리고 할례 받은 부드러운 심령은 '실패작'에서 '하나님의 창조물'로 바뀌어간다.

대한민국의 유전자

하나님이 주신 좋은 성격들이 엇물리면 놀라운 힘이 생기고, 이 힘들이 다시 엇물려 대단한 대한민국 국민성이 된다. 엇물림은 치우침을 막는다.

내 생각의 맷돌이 중심이 되어 꾸역꾸역 나오는 걱정들.

돈, 자식, 부모, 건강, 체면, 세상, 내일······

성경은 이 무거운 짐을 주께로 가지고 나오라고 하신다.

"만민에게 생명과 호흡과 만물을 친히 주시는 이"^{행 17:25}에게 맡김."

이것이 대한민국의 유전자가 되어야 한다. 이 유전자를 만드는 계기나 움직임은 성급하지 않게, 확실한 방향성을 가지고, 하나님의 기다리심과 인내심 안에서, 하고야 말겠다는 신념이 있을 때 추진력이 붙는다.

이 추진력은 여기저기 한 단계를 뛰어넘음이 아니요 차곡차곡 쌓이는 추진력이다.

국민 한 사람 한 사람을 '능력의 사람'으로 변화시키는 은혜의 운동이기에 '영광의 첫걸음'이다. 하나님이 기쁘시겠다.

자식이 부모의 섭섭함을 어찌 알까

몇 년 전 독일 대형 슈퍼마켓 체인의 크리스마스 광고에 대한 이야기를 친구에게 들었다.

늙은 독거 아버지가 자신을 찾아오지 않는 자식들에게 자신의 사망 소식을 전한 뒤에야, 자식들이 찾아오게 된다는 슬픈 스토리였다.

그 이야기를 전해준 친구도 이런 비슷한 아픔이 있었다. 정도의 차이일 뿐 늙은 부모라면 쉽게 동감이 가는 이슈다. 나도 모르게 단번에 다음과 같은 답장을 하게 됐다.

"눌리듯 아픈 그 순간들을 그들이 어찌 알리요. 묻어두고 흐르는 눈물 못 흐르게 하늘 쳐다보는 그 아픔을 알 리가 없지요."

한 겹은 그들을 향한 무서움, 한 겹은 저 아이가 저런 아이였나 하는 낯섦, 한 겹은 흥건한 서러움, 그 겹겹이 사이사이를 헤치고 기도한다.

"제발 저 아이를 붙들어주시고 인도해주소서. 저 아이 가슴을 옥토 밭으로 만드사 그곳에 말씀의 씨 떨어뜨려주소서. 그리하여 저 아이 한 인생 주 사랑하며 살게 하소서."

피는 꽃처럼

자라나는 16세 소녀의 아름다움은 흔히 꽃에 비유된다. 완전 자연산이다. 할머니들이 손녀의 얼굴을 쓰다듬으며 하시는 말씀, "피는 꽃이 따로 없네." 순수함 자체란 의미다.

그런데 이 소녀는 자기가 피는 꽃 같다는 걸 모른다. 일생에 한 번인 걸 모르고 넘어가다니. 아마도 춘향이가 피는 꽃 같아서 사또가 그리도 기승을 부렸지 싶다.

살다 보면 누구나 거기도 가보고, 여기도 와보고, 이것도 해본 바, 저것도 해본 바의 지경에 이른다. 세상도 변해서 이제는 100세 시대라고들 한다. 20~30년 전 가졌던 소망과 기대를 그대로 유지하기보다는 매일매일 맞추어 적응하며 마음과 영을 다듬는 작업을 쉬지 말아야 한다. 대부분의 사람들이 이미 이러한 '다듬는' 작업을 각종 방법으로 하고 있으리라.

몸은 16세와 멀어져가지만 우리의 영은 그때를 향해서 갈 수 있다. 꽃 피는 소녀까지는 아니더라도 얼마든지 순수하고 소박할 수 있다. 해볼 것, 가볼 곳 대강 마쳐본 입장이다.

각자의 방법으로 무언가 꾸준하게 콩나물 다듬듯 우리의 영을 돌본다면 쌓여서 칼로 베어내야 하는 경우를 피할 수도 있으리라. 몸은 다시 16세가 아니더라도 뭔가 희망이 보인다.

나는 오늘도 부드럽게, 무리 없이 단순하게 나의 속 내부를 다듬는다.

희망과 현실의 공존

간혹 '현실'이 '희망'을 밀어내는 경우를 본다. 둘이 공존하는 황금비율이 있을 텐데 말이다.

현실을 외면하지 않으면서도 희망을 소유할 수 있다면 그보다 더한 가치가 있을까? 우리는 자녀들에게 다른 무엇보다 이러한 태도를 유산으로 물려주어야 한다.

현실에서는 웃을 일이 별로 없다 하더라도 희망의 세계에는 늘 기쁨이 있다. 늘 현실 속에서 허덕이다 보면 기뻐할 틈마저 없는 것 같지만 가슴속 희망의 세계에서는 모호한 가운데서나마 찬양이 가능하다.

현실은 꿈을 배척하며 '꺼져라', '잃어라' 경을 읽지만 그러한 현실을 딛고 일어서는 희망은 현실에게 다가가 "같이 살 수 있어"라고 말한다.

어처구니가 있어야

머리 위에 지붕 있고 먹을 곡식 있으면 만사 오케이라 말하던 시절이 있었다. 일단 걱정근심 붙들어 맬 수 있었다.

그런데 인간은 영이 있고 혼이 있기에 이 만사 오케이만으로는 살아지지 않는다. 그럼 어떻게 해야 할까.

맷돌이 돌아가려면 어처구니가 있어야 하듯 나에게도 어처구니가 필수다. 즉 나 자신이 끊임없이 저지르는 잘못이 회개의 은사로 용서받을 수 있다는 안도감과 평화, 죄사함을 받았다는 확신과 그로부터 오는 자유로움, 그래서 나도 괜찮은 사람으로 살 수 있다는 확신, 감사, 기쁨……. 이런 것들이 우리의 어처구니가 될 수 있다.

성경에 의하면 이 어처구니의 확보는 '주님의 이름을 힘입어' 이뤄진다. 그의 이름에 힘입어 죄사함을 받아 우리가 의인으로 살 수 있으며 은혜로 죄사함을 받을 때 비로소 우리의 삶에 평안이 시작된다.

회개와 죄사함은 모든 은혜와 축복의 근원이다 행 10:43.

산을 바다로 뛰어들게 하는 믿음

"물이 나를 영혼까지 둘렀사오며 깊음이 나를 에워싸고 바다 풀이 내 머리를 감쌌나이다 내가 산의 뿌리까지 내려갔사오며 땅이 그 빗장으로 나를 오래도록 막았사오나 나의 하나님 여호와여 주께서 내 생명을 구덩이에서 건지셨나이다."요 2:5~6

뱃사람들에 의해 바다에 던져졌던 요나의 고백이다.

사실 요나의 이야기가 유독 그만의 경우일까. 인생을 살며 우리의 영도 때로는 요나가 갔던 깊은 곳들을 경험하리라. 그러나 던지신 분이 주님이시라면 우리는 반드시 하늘을 향한 열린 길을 볼 수 있을 것이다. 우리 가슴에 믿음으로 인하여 주님이 자리 잡고 계시기 때문이다. 요 2:7

결국은 요나의 믿음이 승리한다. 믿음과 의심은 상극이다. 이 산만큼 큰 의심이야말로 바다에 던져져야 한다. 믿음은 우리의 마음을 정결케 하여 은혜에 접근할 수 있도록 해준다.

"내가 진실로 너희에게 이르노니 만일 너희가 믿음이 있고 의심하지 아니하면 …… 이 산더러 들려 바다에 던져지라 하여도 될 것이요."마 21:21

산더러 들리어 바다에 던져지라, 믿고 의심하지 않으면 그대로 되리라 함은 우리에게는 도저히 불가능한 일. 하지만 그것은 땅에 사는 내 생각일 뿐, 세상을 창조하신 주 하나님께는 당연한 말이겠다.

산더러 바다에 던져지라는 구절을 처음 읽었을 때 너무도 놀라고 좋아서 로또에 당첨된 기분이었다. 동시에 추상적인 느낌을 금할 길이 없었다.

그동안 마음속으로 '추호도 의심하지 않는 믿음을 주소서'라고 기도했다. 나 자신이 그러한 믿음을 얼마나 크게 갈구했나. "나의 기도가 주께 이르렀나이다" 하는 요나의 말이 믿는 이 모두의 현실이 되기를……

애굽 땅은 하나님의 작품

애굽 땅은 모름과 무지, 아픔의 상징이다. 모세가 하나님의 명령을 받아 그의 백성을 얽매임에서 끌어내온 그 땅!

미국의 34대 대통령 드와이트 아이젠하워는 "흑인들의 빈민촌을 철거할 수는 있으나 그들 가슴에 박힌 애굽 땅(빈곤)은 꺼낼 수 없다"고 말했다. 틀린 말이 아님에도 지금 세상에 이런 말을 했다면 인종차별 문제로 대통령 탄핵 운동이 벌어지리라.

모세 시절의 그들 가슴에 박힌 애굽 땅은 여호와를 잘 알지 못하는 무지에서 온 불순종이다.

적당히 노예의 삶에 익숙해지는 생활, 유일하신 하나님마저 자기들 구미에 맞게 해석하는 자세, 선택받은 백성으로서의 긍지를 잃어버린 영혼들.

오죽하면 하나님께서 "내가 너희들의 여호와가 되려고 너희를 애굽 땅에서 끌어내었노라"며 애절하게 말씀하셨겠는가.

지금 이 시대에서도 저마다 자신만의 애굽 땅에서 풀려나려는 사투는 계속된다. 순례 길을 걷는 사람, 기도원에 들어가 기도하는 사람, 말씀을 붙들고 사는 사람 등 각자 노력이 담긴 방법을 구하여 열매를 보는 경우도 많다.

뿌리째 뽑아내는 애굽 땅은 이러니저러니 해도 하나님의 작품인 듯싶다.

보통으로 살아가기

세상에서 그저 보통으로 산다는 건 무슨 의미가 있을까. 보편적인 기본 상식만으로는 승승장구 뻗어나갈 수 없는 걸까.

사실 예수님의 성장 과정을 보면 보통 그 자체이셨다. 나사렛이라는 조그마한 곳에서 가족들과 함께 살며 목수 일로 가정을 도우며 평범한 삶을 사셨다. 그리고 그 평범한 30년을 마지막 3년을 위한 밑거름으로 쓰셨다. 승승장구 승리의 상징이시다.

그러나 보통의 삶을 살더라도 확고한 기본 상식은 필요하다. 기본 상식에 알파가 붙는 경우 그것은 우리 삶을 긍정적으로 이끄는 밑거름이 된다. 가령 "사람은 누구나 다 존엄하다"라는 상식에는 관용과 배려가 따른다. 편견을 버리게 한다. 이러한 '긍정적인 인품'은 살아가는 데 있어 무형의 자산이 된다.

"세 살 버릇 여든까지 간다." 아이들에게 일찍부터 기본 상식을 가르쳐야겠다. 이것이 보통의 위대한 삶을 살아가는 밑거름이 되리라.

이에 더 좋은 소망이 생기니 이것으로 우리가 하나님께 가까이 가느니라. 히 7:19

기도를 계속하고 기도에 감사함으로 깨어 있으라. 골 4:2

또 주께서 이르시기를 이 언약은 내가 그들의 열조의 손을 잡고 애굽 땅에서 인도하여 내던 날에 그들과 맺은 언약과 같지 아니하도다 그들은 내 언약 안에 머물러 있지 아니하므로 내가 그들을 돌보지 아니하였노라 또 주께서 이르시되 그 날 후에 내가 이스라엘 집과 맺을 언약은 이것이니 내 법을 그들의 생각에 두고 그들의 마음에 이것을 기록하리라 나는 그들에게 하나님이 되고 그들은 내게 백성이 되리라. 히 8:9~10

내가 참으로 주의 목전에 은총을 입었사오면. 출 33:13

다 같은 신령한 음료를 마셨으니 이는 그들을 따르는 신령한 반석으로부터 마셨으매 그 반석은 곧 그리스도시라. 고전 10:4

모든 위로의 하나님이시여. 고후 1:3

우리의 모든 환난 중에서 우리를 위로하사 우리로 하여금 하나님께 받는 위로로써 모든 환난 중에 있는 자들을 능히 위로하게 하시는 이

시로다. 고후 1:4

태초에 말씀이 계시니라 이 말씀이 하나님과 함께 계셨으니 이 말씀
은 곧 하나님이시니라 그가 태초에 하나님과 함께 계셨고 만물이 그
로 말미암아 지은 바 되었으니 지은 것이 하나도 그가 없이는 된 것
이 없느니라. 요 1:1~3

내가 네 죄를 제거하여 버렸으니 내가 아름다운 옷을 입히리라. 슥 3:4

주께서 꺾으신 뼈들도 즐거워하게 하소서. 시편 51:8

이 백성들의 마음이 우둔하여져서 그 귀로는 둔하게 듣고 그 눈은 감
았으니 이는 눈으로 보고 귀로 듣고 마음으로 깨달아 돌아오면 내가
고쳐 줄까 함이라 하였으니. 행 28:27

나의 간절한 기대와 소망을 따라 아무 일에든지 부끄러워하지 아니
하고 지금도 전과 같이 온전히 담대하여 살든지 죽든지 내 몸에서 그
리스도가 존귀하게 되게 하려 하나니. 빌 1:20

나는 엎드러질지라도 일어날 것이요 어두운 데에 앉을지라도 여호와
께서 나의 빛이 되실 것임이로다. 미 7:8

여호와로 인하여 기뻐하는 것이 너희의 힘이니라. 느 8:10

너희 중에 이와 같은 자들이 있더니 주 예수 그리스도의 이름과 우리
하나님 안에서 씻음과 거룩함과 의롭다하심을 받았느니라. 고전 6:11

진실로 생명의 원천이 주께 있사오니 주의 빛 안에서 우리가 빛을 보
리이다. 시 36:9

우리 조상들이 주께 의뢰하고 또 의뢰하였음으로 그들을 건지셨나이다. 시 22:4

네가 네 몸 베기를 어느 때까지 하겠느냐? 렘 47:5

우리는 십자가에 못 박힌 그리스도를 전하니 유대인에게는 거리끼는 것이요 이방인에게는 미련한 것이로되 오직 부르심을 받은 자들에게는 유대인이나 헬라인이나 그리스도는 하나님의 능력이요 하나님의 지혜니라. 고전 1:23~24

만일 우리가 성령으로 살면 또한 성령으로 행할지니. 갈 5:25

오직 성령의 열매는 사랑과 희락과 화평과 오래 참음과 자비와 양선과 충성과 온유와 절제니 이같은 것을 금지할 법이 없느니라. 갈 5:22~23

그런즉 누구든지 세상과 벗이 되고자 하는 자는 스스로 하나님과 원수 되는 것이니라. 약 4:4

우리 마음속을 비치시어 주님 얼굴에 나타난 하나님의 영광을 아는 지식의 빛을 우리에게 주신다. 고후 4:6

너를 낮추시며 너를 주리게 하시며 또 너도 알지 못하며 네 조상들도 알지 못하던 만나를 네게 먹이신 것은 사람이 떡으로만 사는 것이 아니요 여호와의 입에서 나오는 모든 말씀으로 사는 줄을 네가 알게 하려 하심이니라. 신 8:3

소망의 하나님이 모든 기쁨과 평강을 믿음 안에서 너희에게 충만하게 하사 성령의 능력으로 소망이 넘치게 하시기를 원하노라. 롬 15:13

네 하나님 여호와를 사랑하고 그의 말씀을 청종하며 또 그를 의지하라. 신 30:20

언어도 없고 말씀도 없으며 들리는 소리도 없으나 그의 소리가 온 땅에 통하고 그의 말씀이 세상 끝까지 이르도다. 시 19:3~4절

길에서 우리에게 말씀하시고 우리에게 성경을 풀이해주실 때 우리 속에서 마음이 뜨겁지 아니하더냐. 눅 24:32

시험을 참는 자는 복이 있나니 이는 시련을 견디어 낸 자가 주께서 자기를 사랑하는 자들에게 약속하신 생명의 면류관을 얻을 것이기 때문이라. 약 1:12

수고하고 무거운 짐 진 자들아, 다 내게로 오라. 내가 너를 쉬게 하리라. 마 11:28

어찌하여 무서워하느냐 믿음이 작은 자들아. 마 8:26

여호와여 내가 심히 깊은 구덩이에서 주의 이름을 불렀나이다 주께서 이미 나의 음성을 들으셨사오니 이제 나의 탄식과 부르짖음에 주의 귀를 가리지 마옵소서. 애 3:55~56

생명의 원천이 주께 있사오니 주의 빛 안에서 우리가 빛을 보리이다. 시 36:9

주여 영생의 말씀이 주께 있사오니 우리가 누구에게로 가오리이까? 요 6:68

누구든지 나를 따라오려거든 자기를 부인하고 자기 십자가를 지고 나를 따를 것이니라. 마 16:24

육으로 난 것은 육이요 영으로 난 것은 영이니. 요 3:6

너희가 서로 영광을 취하고 유일하신 하나님께로부터 오는 영광은 구하지 아니하니 어찌 나를 믿을 수 있느냐. 요 5:44

남을 사랑하는 자는 율법을 다 이루었느니라. 롬 13:8

그리하면 나는 너희 하나님이 되겠고 너희는 내 백성이 되리라. 렘 7:23

이는 사람으로 혹 하나님을 더듬어 찾아 발견하게 하려 하심이로되 그는 우리 각 사람에게서 멀리 계시지 아니하도다. 행 17:27

여호와께서 이와 같이 말씀하시기를 보라 나는 내가 세운 것을 헐기도 하며 내가 심은 것을 뽑기도 하나니 온 땅에 그리하겠거늘. 렘 45:4

주께서 내 생명을 사망에서 건지셨음이라 주께서 나로 하나님 앞, 생명의 빛에 다니게 하시려고 실족하지 아니하게 하지 아니하셨나이까. 시 56:13

주의 입의 법이 내게는 천천 금은보다 좋으니이다. 시 119:72

그대가 의로운들 하나님께 무엇을 드리겠으며 그가 그대의 손에서 무엇을 받으시겠느냐. 욥 35:7

너희가 진리를 순종함으로 너희 영혼을 깨끗하게 하여. 벧전 1:22

그러나 내 말이 너희 안에 있을 곳이 없으므로 나를 죽이려 하는도다. 요 8:37

믿음으로 기생 라합은 정탐꾼을 평안히 영접하였으므로 순종하지 아니한 자와 함께 멸망하지 아니하였도다. 히 11:31

이는 내 생각이 너희의 생각과 다르며 내 길은 너희의 길과 다름이라. 사 55:8

보라 내가 너희를 보냄이 양을 이리 가운데로 보냄과 같도다 그러므로 너희는 뱀 같이 지혜롭고 비둘기 같이 순결하라. 마 10:16

말씀하시되 나를 따라오라 내가 너희를 사람을 낚는 어부가 되게 하리라 하시니 그들이 곧 그물을 버려두고 예수를 따르니라. 마 4:19~20

사람의 심령은 그의 병을 능히 이기려니와 심령이 상하면 그것을 누가 일으키겠느냐?" 잠 18:14

어찌하여 거짓된 자들을 방관하시며 악인이 자기보다 의로운 사람을 삼키는데도 잠잠하시나이까? 합 1:13

즐겁게 소리칠 줄 아는 백성은 복이 있나니 여호와여 그들이 주의 얼굴빛 안에서 다니리로다. 시 89:15

내가 그들을 가르치되 끊임없이 가르쳤는데도 그들이 교훈을 듣지 아니하며 받지 아니하고. 렘 32:33

그 이름을 믿는 자들에게는 하나님의 자녀가 되는 권세를 주셨으니. 요 1:12

서로 친절하게 하며 불쌍히 여기며 서로 용서하기를 하나님이 그리스도 안에서 너희를 용서하심과 같이 하라. 엡 4:32

사랑하는 자들아 만일 우리 마음이 우리를 책망할 것이 없으면 하나님 앞에서 담대함을 얻고. 요일 3:21

내가 높고 거룩한 곳에 있으며 또한 통회하고 마음이 겸손한 자와 함께 있나니 이는 겸손한 자의 영을 소생시키며 통회하는 자의 마음을 소생시키려 함이라. 사 57:15

여호와는 의로우사 불의를 행하지 아니하시고 아침마다 빠짐없이 자기의 공의를 비추시거늘. 습 3:5

네 마음을 다하며 목숨을 다하며 힘을 다하며 뜻을 다하여 주 너의 하나님을 사랑하고 또한 네 이웃을 네 자신 같이 사랑하라. 눅 10:27

이것이 크고 첫째 되는 계명이요, 둘째도 그와 같으니 이 두 계명이 온 율법의 …… 강령이니라. 마 22:38~40

오직 강하고 극히 담대하여 나의 종 모세가 네게 명령한 그 율법을 다 지켜 행하고 우로나 좌로나 치우치지 말라 그리하면 어디로 가든지 형통하리니. 수 1:7

명철한 사람의 입의 말은 깊은 물과 같고 지혜의 샘은 솟구쳐 흐르는 내와 같으니라. 잠 18:4

주께서 내 내장을 지으시며 나의 모태에서 나를 만드셨나이다. 시 139:13

너희 안에서 행하시는 이는 하나님이시니 자기의 기쁘신 뜻을 위하여 너희에게 소원을 두고 행하게 하시나니. 빌 2:13

우리가 그를 힘입어 살며 기동하며 존재하느니라. 행 17:28

네 모든 자녀는 여호와의 교훈을 받을 것이니 네 자녀에게는 큰 평안이 있을 것이며. 사 54:13

마땅히 행할 길을 아이에게 가르치라. 잠 22:6

너희 자녀를 노엽게 하지 말고 오직 주의 교훈과 훈계로 양육하라.
엡 6:4

수고하고 무거운 짐 진 자들아 다 내게로 오라 내가 너희를 쉬게 하
리라. 마 11:28

모든 지킬 만한 것 중에 더욱 네 마음을 지키라 생명의 근원이 이에
서 남이니라. 잠 4:23

물이 나를 영혼까지 둘렀사오며 깊음이 나를 에워싸고 바다 풀이 내
머리를 감쌌나이다 내가 산의 뿌리까지 내려갔사오며 땅이 그 빗장
으로 나를 오래도록 막았사오나 나의 하나님 여호와여 주께서 내 생
명을 구덩이에서 건지셨나이다. 욘 2:5~6

내가 진실로 너희에게 이르노니 만일 너희가 믿음이 있고 의심하
지 아니하면 …… 이 산더러 들려 바다에 던져지라 하여도 될 것이
요. 마 21:21